伊藤 肇

【新装丁版】
現代の帝王学

プレジデント社

はしがき

「権力の効用」を信じないものは政治家にも経営者にもなれない。人を組織し、党をつくり、会社を運営し、自ら、権力を握って、これを自他のために役立てる、これが政治であり、経営である。だが、権力くらい人を堕落させるものはない。権力支配には名聞利達《みようもんりたつ》が伴い、道徳的腐敗を生じやすいのだ。

Poison of Power〈権力の毒〉という成語もある。

長い間、権力を握り、それに狎《な》れると、人間は必ず「驕慢」という毒に犯される。しかも、いったん、この毒にやられると、尋常なことでは治らない。死んでも権力を離すまいと執着する。つまり、塩水をのめばのむほど口が渇くように、権力を得れば得るほどやすらぎが去り、不安と焦燥が後から後から押しかけてくるのだ。

新自由クラブの河野洋平がつくづくと述懐したことがある。

「国会議員になると、グリーン車のパスが頂けます。そのパスではじめてグリーン車に乗った時は、『市民の人たちが高い代金を払っているグリーン車に、代議士だからといって無賃乗車していいだろうか』と、なるべく目立たぬ席で小さくなっていました。ところがどうでしょう。一年たつと、グリーン車にとびのって、空席がないと、腹が立ってくるんです。権力というものはこわいですねえ」

一事が万事である。権力に対するしっかりした姿勢、あるいは明確な原理原則を把握していない人間が上に立つくらい危ないものはない。「小人ニ国家ヲ為《おさ》メシムレバ、災害並ビ至ル」と『大学』に説かれているのも、その辺の事情である。

アリストテレスの有名な「政体循環論」は、議会政治がゆきづまれば、必然、独裁政治に補導されることになるし、独裁政治がゆきづまれば、当然、議会政治の台頭となり、それらをいかに塩梅《あんばい》するかが改革の妙諦であると指摘し、さらに君主政治たると民主政治たるを問わず、その局に当る人物に識見、人間的教養、道徳的気魄がないと、いかなる体制といえども、維持することは困難になる、といいきっているが、現代ではアメリカの政治学者で思想家のジェイムス・バーナムが、その著『マキャヴェリアンズ』の中で、同じ言葉を吐いている。

「理由のいかんを問わず、ある社会の最も確実な相違は、その社会のエリートの相違である。その社会がいかなるエリートをもっているか、そのエリートがどういう実質をもっているかによってきまる。そして、政治学とは、このエリートをいかに組織するかの学問であり、革命とは、そのエリートの社会における急激な交替、変化をいう」

　歴史をひもとくと、次のことがはっきりといえる。

「民衆は支配されることを決して望まないが、支配者がいなければ身がもてない。民衆とは巨大な矛盾である」と。

　ここにとりあげた「帝王学」は、一言にしていえば、「権力の学問」であり、「エリートの人間学」である。

　師の安岡正篤から、「蘇老泉が名相、管仲を論じて『国は一人《いちにん》を以て興り、一人を以て亡ぶ。賢者は、その身の死するを悲しまずして、その国の衰うるを憂う』といっているが、それが帝王学の基本であり、しかも、その帝王学は『原理原則を教えてもらう師をもつこと』『直言してくれる側近をもつこと』『よき幕賓《ばくひん》をもつこと』の三つの柱から成り立っている」と教えられたのをたたき台として、幾多の具体的な事実をつみ重ね、実証し、体系だてたのが本書である。

もともと、帝王学は筆者のライフワークでもあるが、さいわい『プレジデント』誌（昭和五十二年一月号～昭和五十三年十二月号）に連載し、それをまとめることによって百尺竿頭、一歩を進めることができたのは、筆者としては何よりの喜びである。

春の夕絶えなむとする香をつぐ　　蕪村

昭和五十四年　　早春

著　者

現代の帝王学［目次］

はしがき

第一章

原理原則を教えてもらう師をもつこと

第二章 直言してくれる側近をもつこと

第三章 よき幕賓をもつこと

装幀＝竹内雄二

第一章

原理原則を教えてもらう師をもつこと

「修己治人」のメルクマール

福相と凶相の見極め

中国五千年の歴史は、動乱と革命の連続である。五十年、百年にわたる「天下の大乱」などは決して珍しくない。

中国史上、比類なき太平時代といわれた清朝初期の康熙《こうき》・乾隆《けんりゅう》朝でさえ、せいぜい七十年の小康状態にすぎない。このため、漢民族というのは、内乱とか革命にはきわめて抗毒性の強い、たくましい民族に成長している。

彼らは、どの民族もが一応そうであるように、地位、財産、名誉を求めるし、それを得ようとして努力はする。しかし、同時にそれらのものがいかに空しいものであるかを民族の体験として知っている。何故ならば、ひとたび、革命が起れば、まっさきにやられるのが、地位高く、財産があり、名誉をもつ人間だからである。

そこに漢民族特有の虚無感が生れてくるのだが、では彼らは一体、何を信じて生きてゆくのか。

それは人間である。人間が人間を信ずる……、そのこと以外に方法はない。となると、当然「人を見る明」が乱世を生きぬく知恵として要求されることになる。

「人を見る明」の第一は人相である。

人相そのものの説明に入ると、それだけで一冊の単行本となるが、ここでは細部に入るのを避けて基本にだけ触れる。

人相の根幹は「福相」か「凶相」かにある。地位、財産、名誉の何一つもっていない一介の書生であっても、「福相」と判断したら、その人間に積極的に近づき、いわゆる「さきものを買う」。しかし、いかに地位、財産、名誉をもっていても「凶相」と判断したら、敬して遠ざける。

「凶相」の人間とつきあって、「凶運」にまき込まれるのを警戒するからだ。

越王勾践を扶《たす》けて呉を平定した范蠡《はんれい》が、〈どうも俺は消されるかもしれない〉と思い、越から逃げ出す時の台詞は有名である。

「越王ハヒトトナリ長頸《ちょうけい》烏《う》喙《かい》ナリ。與《とも》ニ患難ヲ共ニスベキモ、與ニ安楽ヲ共ニスベカラズ」

「長頸烏喙」は、首が長く唇が鳥のようにとんがっている、あるいは黒ずんだ唇、の二通りの解釈があるが、いずれにしても人相のよくない、独占欲旺盛な猜疑心の強い凶相である。そういう人間とは患難をともにすることはできても、安楽をともにすることはできない。

実に明快な判断である。

人相に関しては『論語』にもでてくる。

閔子《びんし》ハ側ニ待シテ誾々如《ぎんぎんじょ》（なごやか）タリ。子路ハ行々如《こうこうじょ》（屈託なげ）タリ、冉有《ぜんゆう》ト子貢ト
ハ侃々如《かんかんじょ》（強くまっすぐ）タリ。子、楽シム。

それぞれに個性を発揮する弟子たちを、孔子は楽しげに見わたしている。

その時、孔子がふとかなしい顔をして、いった。

「由ハソノ死ヲ得ザルガゴトク然リ」

由とは子路のことである。

「子路よ、お前は畳の上で死ねそうもない」

絶対の信頼を置きあった人間のあいだだけにかわされる口調が、『論語』のこの条には滲み出ている。

はたして、衛の国で叛乱が起きた。急変をきいた子路が城門へ馳せつける途中、同門のおとうと弟子の高柴《こうさい》が逃げてくるのに出会った。

「もう城門は閉まっていますよ」

「いや、おれはとにかく行ってみる」

「あなたは衛の譜代の臣でもないのに、何も危ないところへ踏み込むことはないでしょう」

「バカいえ。一度仕えた以上、そんな不義理ができるか」

結局、子路は自分の主人、孔悝《こうかい》を救出しようとして斬り死にしてしまう。

一方、魯の国で、衛の叛乱をきいた孔子は、「柴《さい》（高柴）ヤ、ソレ帰ラン。由ヤ死ナム」とつぶやいたが、はたして、その言の如くになった。

この子路の死は、孔子にとって痛烈な打撃だった。

「老聖人、佇立瞑目《ちょりつめいもく》スルコトシバシ、ヤガテ潸然《さんぜん》トシテ涙下ル」と記されてある。

そして、翌年、孔子は亡くなった。

応待辞令の妙

第二に見るのは「応待辞令」である。

「応待」というのは、身辺に起ったいろいろな問題に応じて、きびきびと処理をしていくことであり、「辞令」とは、自分の考えを表現していくことである。

現代では「辞令」というと、任命の際の「いいわたし書」みたいに用いられているが、本当は「言葉の使い方」という意味で、きわめて大切なことである。

人間というものは、黙って相対しただけで〈この人物はできている〉とか〈どうも軽薄な感じだ〉ということは大体わかるものである。まして、ものをいう段になると、できた人物の言葉には味があるし、反対にダメ人間の表現はコクがなくてしまらない。しかも、この微妙な問題は、にわか仕立や、つけ焼刃ではどうにもならないのである。

漢の高祖を輔《たす》けた名宰相が蕭何《しょうか》であり、そのあとを受けて「蕭曹《しょうそう》の政」とまでいわれる治世を築きあげたのが曹参《そうしん》である。ところが、この二人はライバルであると同時に性格もあわなかったのか、仲がよくなかった。

蕭何が主流派で宰相の地位にあった時には、反主流派の曹参は「俺には用はない」とばかりに山東地方の知事におんでてくすぶっていた。

たまたま、そこへ「蕭何没す」の報が届いた。すると曹参は妻を呼んで、ただちに上京の仕度を命じた。

「いったい、何事でございますか?」と妻がいぶかると、

「いや、なに、蕭何が息をひきとる前に俺を後任の宰相に推していったに相違ないからだ」

妻は驚いて「そんな馬鹿なことが……。あなた方お二人は人も知る犬猿の仲ではありませんか」と笑うと、曹参は昂然としていった。

「犬猿の仲? たしかにそうだ。だが、それはあくまでも個人的なことだ。天下国家の公儀のこととなれば、後継宰相は俺を措いてはないことを蕭何はよく知っとるはずだ」

はたせるかな、間もなく内命が届いた。

ところが、上京した曹参は、暇があると人を集めて酒を飲み、太平楽を並べて、いっこうに政務を顧みようとしない。

恵帝は三代目で若いだけにいらいらして、ある日、曹参を呼びつけて詰問した。

何しろ、最高の権力者に叱られたのだから、平身低頭して恐れ入るかと思ったら、曹参、いっこうに悪びれぬばかりか、人をくったことをぬけぬけといってのけた。

「えー、陛下にうかがいますが、高祖皇帝と陛下とではどちらがお偉いのでございましょうか」

漢皇室の創業者と三代目の自分とを、比較されたのでは、たまったものではない。

惠帝一本参って「いうまでもないこと。到底、先代にはかなわぬわい」と答える。

すると、曹参がすっとぼけた口調で再びきいた。

「しからば、前宰相の蕭何と私とでは、いかがでございましょうか」

惠帝、前に一本とられているから、口惜しくて仕様がない。

勢い込んで「もちろん、お前などは蕭何の足もとへもよれない」とくそみそにこきおろす。

惠帝にいうだけいわせた曹参は、ニヤリと笑って「その通りです」と受け、一段と声を張りあげていってのけた。

「陛下は高祖皇帝にはるかに及ばず、私は蕭何にはるかに及ばず。及ばざる者二人が集まって政治をするわけでございますから、要は先帝と蕭何が残していったいいものを壊さぬようにしてやっていけば結構なので、余計なことは一切やらぬに越したことはございません」

この一言に惠帝、すっかり兜をぬいだとある。

出処進退の爽やかさ

第三に見るのは「出処進退」である。

住友軽金属社長の小川義男が社内改革を目的とした大人事異動をやろうとして、いろいろ思案している最中にふと思いたって、朱子が編纂した『宋名臣言行録』を開いて読みすすんでいくうちに「うーん」とうなった。

こんな一節にぶつかったからだ。

北宋の革新官僚、王安石がいわゆる「王安石の新法」を施行するにあたり、妙に才気走った小器用な奴ばかりを要職につけるので、心配した司馬光がその理由を問うと、「最初は才力ある人物を使って、しゃにむに新法を推進させ、ある程度、目鼻がついたところで老成の者に交替させて、これを守らしめる。いわゆる智者はこれを行い、仁者はこれを守るなり」と胸を張った。

ところがそれをきいた司馬光は途端に「ああ、安石誤れり……」と叫び、痛切な忠告をする。「君子は顕職につけようとしても、遠慮して、なかなかこれを受けないものである。だが、そのポストを辞めろといわれたときには、さっさと身をひき、出処進退が実にきれいだ。これにくらべて、いかに才智があっても小人はその反対で、一度得た地位はトコトン執着して放さない。もし、そいつを無理に辞めさせでもしたら、必ず恨みをふくみ、仇をなす。だから、今のような人事をやったら、他日、お前は臍《ほぞ》をかむことになるぞ」

しかし、功にはやる王安石は馬耳東風とき流した。結果は馘首した小人に讒言《ざんげん》されて失脚、せっかくの「新法」も潰れてしまう。

自らも爽やかな出処進退をやってのけた興銀相談役の中山素平は「責任者は、その出処進退に特に厳しさを要するというより、出処進退に厳しさを存するほどの人が責任者になるべきである」と規定しているが、特に「退」には、のっぴきならぬ二つの「人間くさい作業」をやらねばならぬから、そこのところを見極めてさえおれば、最も正確な人物評価ができるのである。

一つは「退いて後継者を選ぶ」である。

これは企業において、自分がいなくても、仕事がまわっていくようにすることである。いわば「己を無にする」ことからはじめなければならない。

住友総理事だった伊庭《いば》貞剛《さだたけ》は「人の仕事のうちで一番大切なことは、後継者を得ることと、後継者に仕事をひきつがせる時期を選ぶことである。後継者が若いといって譲ることを躊躇するのは、おのれが死ぬことを知らぬものである」と、痛烈な言葉を残している。

二つは「仕事に対する執着を断ちきる作業」である。

仕事を離れてみると、はじめて仕事が自分の人生にどんなウエートをもっていたかがよくわかる。そして、いかにも沢山の仕事をしてきたようにみえても、それがそのまま、自分の生きたあかしとはなり得ないことに気がつき、あげくのはてては自分ひとりだけがとり残されたような、穴の底深く落ち込んでしまったような空漠感にさいなまれる。
これを克服するのは、口でいうほど、生やさしいことではない。
阪本勝（故人）が兵庫県知事を辞するときの台詞は、この複雑な心の葛藤をうたいあげている。
すべての仕事というものは、はじめなく終りなきものだ。
種まくもの、咲きでる花を賞でるもの、結実を祝うもの、みな、それぞれのめぐりあわせというものだ。
自分のまいた種が実るのを見たいのは人情だろうけれども、それはいわば小乗論だ。
中国の詩人、謝朓《しゃちょう》の歌うらく、
大江　日夜流ル
客心　悲シミ未ダ盡キズ
歴史の大江にかげろうの身をうかべる人の身の限界を粛として知るべし。

己を修め人を治める

第四に見るのは「修己治人」である。
例のやんちゃな弟子、子路が君子の資格について孔子に質問している。
子路、君子ヲ問フ。
子曰ク「己ヲ修ムルニ敬《つつしみ》ヲ以テセヨ」

自己の道徳的完成、それが君子たるものの第一の資格である。

しかし、いかにも子路は子路らしく、無遠慮に反問している。

「斯《か》クノ如キノミカ」〈それだけでいいのですか〉

すると孔子は「己ヲ修メテ以テ人ヲ安ンズ」と答える。「人」とは、自分に近い範囲の人間、つまり家族、隣人である。修養して徳を身につけ、周囲に信頼されることである。

しかし、子路は満足しない。

「斯《か》クノ如キノミカ」

もう一度、同じ質問をくり返すと、今度は峻烈な孔子の答が返ってきた。

「己ヲ修メテ以テ百姓《ひゃくせい》ヲ安ンズルハ堯舜スラ猶諸《なおこれ》ニ痛《なや》ミシモノヲ」

「百姓」とは「農民」ではなく「すべての人民」の意である。為政者として、すべての人民を安定させる。これが君子の、つまり、すぐれた人間の究極の任務である。そして、そのことは堯舜のようなすぐれた為政者にも困難であったと付言している。

学問は人間を変える。人間を変えるような学問でなければ学問ではない。そして、その人間とは他人のことではなく、自分自身のことである。

他人を変えようと思ったら、まず、自分を変えることである。

そして、その学問というのは「窮して困《くる》しまず、憂えて意衰えず、禍福終始をしって惑わぬ心術を養う」(『荀子』)ものであり、それが身につくと「英傑、大事に当りては固《もと》より禍福生死を忘る。而して事適々《たまたま》成れば則ち亦《また》或は禍福生死に惑う。学問精熟の君子に至っては則ち一なり」（大塩中斎『洗心洞劄記』）ということになる。

ここから、「修己治人の学」つまり「帝王学」が生れた。

「帝王学」などというと「保守反動の塊」みたいに誤解する向きもあるが、そうではなくて、「上に立つ者がどうしても身につけておらなければならぬ学問」、つまり「人間学」である。

帝王学に三つの柱

この「帝王学」には三つの柱がある。

第一の柱は「原理原則を教えてもらう師をもつこと」。

原理原則とは何か!?

昔は通用したが、今は通用しない、というのでは原理原則の価値はない。いついかなる時代にも、また、いかなる場所においても通用するのが原理原則の原理原則たる所以である。

すでに亡いが、不世出の経団連会長だった石坂泰三は、口ぐせのようにいっていた。

「少なくとも、原論的な勉強だけは大学時代にしっかり頭のシンにたたき込んでおきたい。経済でも、法律でも、区々たる枝葉末節の問題は世の中にでて、実際にぶつかりながら勉強していけばいいし、また、それが一番生きて働くものだ。しかし、対象的な研究課題は次から次へと移り変って、せっかく細かくやったことも枝葉末節では無駄になることが多い。そこへいくと、原論は決して変らない。それが原論の原論たる所以である。したがって、これさえ正しく、しっかり頭にたたき込まれておれば、世の中のすべての問題の判断の対処には、決して誤りを犯すようなことはない」

原論とは原理原則のことであり、それを教えてもらう先生をもつことが肝要である。

第二の柱は「直言してくれる側近をもつこと」である。

蒙古の英雄、ジンギス汗の側近として、よくこれを輔《たす》けたのは耶律楚材《やりつそざい》だが、ジンギス汗がともすると武力万能を主張するのに対して、「高度の文化に対する関心を激しくもち続けることこそ肝要でございます。蒙古が蒙古自身の高い文化をもたぬ限り、せっかく武力で征服したとはいうものの、この金国を完全に支配することはできません。いや、それどころか、いつかは蒙古が金国に吸収され、逆に金国によって支配される破目となりましょう」と直言し「馬上、天下ヲトルベシ。サレド、馬上、天ヲ治ムベカラズ」〈武力で天下をとることはできる。しかし、武断政治では天下は治まらない〉の名言を残した。

第三の柱は「よき幕賓《ばくひん》をもつこと」である。

「幕賓」とは、その帝王を好きではあるが、といって裃《かみしも》をつけて出仕するのは窮屈でかなわないという一種の浪人的風格と気骨とをもった人物で、俗な言葉でいえば、「客分」「食客」「顧問」「社外重役」であり、「パーソナル・アドバイザー」である。

『六韜三略《りくとうさんりやく》』に「清白ノ士ハ爵禄《しやくろく》ヲ以テ得ベカラズ」とある。帝王たるもの、一流の幕賓を得るためには爵禄を惜しむな。同時に爵禄などで釣ろうと思ってはいけない。矛盾しているようだが、これが幕賓に対するけじめであり、礼儀である。

それだけにいかなる幕賓を何人もっているかが、帝王の器量をはかるメルクマールとなる。

「偉大なる常識」の行い難さ

原理原則とは「偉大なる常識」である

帝王学の第一の柱である「原理原則を教えてもらう師をもつこと」について具体的な例証を挙げよう。

前項で「昔は通用したが、今は通用しない、というのでは原理原則の価値はない。いついかなる時代にも、また、いかなる場所においても通用するのが原理原則の原理原則たる所以である」と書いたが、パイオニア社長の石塚庸三は「原理原則とはピタゴラスの定理と同じで、改めて説明する必要のない天下周知のことなんだ。ところが、いちいち説明してやっても、なお、わからぬ連中が多い」と嘆く。

原理原則とは「偉大なる常識」である。

楚の荘王が詹何《せんか》に尋ねた。

「国を治めるには、どうしたらよいか」

詹何は答えた。

「私は身を修めることは知っていますが、国を治めることはよく存じません」

荘王、重ねて問う。

「余は君主となったので、国を守る方法を学びたいのだ」

詹何が重ねて答えた。

「私は、君主が身修まって、国乱れたものを聞いたことがありません。また、身乱れて国が治まったことも聞いたことがありません。もとは身にあります。ですから、お答え申し上げるのに末梢をもってすることはありません」

「よし、わかった」と荘王は答えた。

『列子』の中にある有名な問答である。

「修己治人」の基本的原則を詹何が教えているのだが、住友生命会長の新井正明の座右は、『論語』の「其ノ身正シケレバ、令セズシテ行ワレ、其ノ身正シカラザレバ、令ストイエドモ従ワズ」である。

上に立つ者が身辺清浄で正しければ、ことさら命令しなくても、すべて、上の思うように行われるし、反対にその身が正しくないと、いくら命令しても、部下たちは従わない、の意である。

たしかにその通りで、プルタークも「シーザーの妻はいっさいの嫌疑を受けてはならない」といっている。

上に立つ者ほど、いかなる小さな疑いも国民からもたれてはならない。国民から信用されないでは、政治がうまくいくはずはないからである。したがって、シーザーはいうまでもなく、シーザーの妻も、単なる噂を恐れるほど、潔癖でなければならない。

新井は「この論語の前半の『其ノ身正シケレバ令セズシテ行ワレル』かどうかは、私には自信がありませんが、後半の『其ノ身正シカラザレバ令スト イエドモ従ワズ』だけは間違いありません」と断言する。

当り前のことを当り前に

人物論としては、三万部という異例の売行きを示した『石坂泰三』(毎日新聞社刊)の著者、武石和風が東海銀行京橋支店の横に「八丁堀」というささやかなコーヒー専門店を開いたら、しばらくしてマネジャーが「基本マナーに関する上申書」を提出してきた。

一、客が入ってきたとき、朗らかにハッキリと「いらっしゃいませ」ということ。〈喫茶店に入る。シーンとしている。ボックスにおさまってみたものの、ここは営業中なのだろうか？　オーダーはとりにきてくれるだろうか？　入ってきたことを知っているだろうか？　以上が客の心理である〉

二、「何にいたしましょう」……この表現に個性をもたせること。〈店全体の印象をよくしたり、悪くしたりする。もし、オーダーを迷っているようだったら、メニューをもっていくなり、店の品を「これはいかがでしょうか」とすすめる〉

三、オーダーを復唱して、「かしこまりました」と、しっかり受けとめること。〈オーダーをくり返していうのは、正確に受けとめました、という表現であり、客の不安感をなくし、信頼感を増す〉

四、オーダーをもっていき、「おまたせしました」と明るくいい、レシートを裏がえして小声で「ありがとうございました」といって去る。

五、客が帰るとき、「ありがとうございます」と元気よく送り出す。〈現在形でいうのは「また、どうぞ、いらして下さい」という気持が含まれている。もし「ありがとうございました」と過去形でやると、客に断絶された感じを与える〉

六、「客に背をむけること」と「私語」はタブー。〈従業員同士が競馬の話などをやりあっている店は、それだけでも、柄の悪い印象を与え、客はよりつかなくなる〉

「考えてみりゃ、全部、当り前のことだが、この当り前のことを当り前にやることが実に難しい」と、「八丁堀」主人の述懐だった。

竹内実の『毛沢東の生涯』を開いたら、毛沢東が人民軍にたたき込んだ「三大規律」と「注意八項」がでてきた。

▼三大規律

一、一切の行動は指揮に従う。

二、大衆から釘一本、糸一筋もとらない。

三、鹵獲《ろかく》品はすべて公のものとする。

▼注意八項

一、話はおだやかに。

二、買物の支払いは公正に。

三、物を借りたら返す。

四、物をこわしたら弁償する。

五、人をなぐったり、どなったりしない。

六、農作物を荒らさない。

七、婦人をからかわない。

八、捕虜をいじめない。

すべては常識的なことだが、この程度のことですら、戦場で殺気だっている兵士たちには守ることが難しい。

毛沢東に対する人物評はともかく、彼が、いかに「愛される人民軍」をつくるために苦労したかが、よくわかろうというものである。

上に立つ者の質

一八〇八年、ナポレオンに敗れたプロシャは常備軍を二万二千に制限された。今まで通り、普通の訓練をやっていたんでは、永久にフランスを破ることはできない。

一人の天才があらわれた。参謀総長のシャルンホルストである。自ら立案して、将校の比率を一挙に三倍に増大し、中隊長を中心にした軍制改革を断行した。そして半世紀の臥薪嘗胆の末、一八七〇年には、ナポレオン三世のフランスを完膚なきまでにたたきつけた。

この制度をクリュンパー・システムという。「野戦では中隊長が最も大事だ」という思想である。極論すれば指揮能力のある中隊長なら、雑兵を与えられても、これを強兵と化して見事に使いこなすのだ。

「百匹のライオンを一匹の羊がひきいるより、百匹の羊を一匹のライオンがひきいるほうが強い」とナポレオンもいっているが、中堅幹部の質が軍にも企業経営にも決定的な影響をもたらす。

この考え方を意識してかどうかはしらないが、住友銀行では、支店長になると、副頭取の岩沢正二（現東洋工業会長）から「上に立つ者の道」三十二ヵ条をわたされたものだった。

一、嚮《むか》うところを明瞭に示せ。

二、信を他の腹中に置け。
三、虚心坦懐、光風霽月《こうふうせいげつ》、是《ぜ》を是《ぜ》とし、非を非とせよ。
四、褒める時褒め、叱る時叱る。忘れたり、遠慮したりするな。
五、権謀は無策に劣る。巧詐《こうさ》は拙誠《せっせい》にしかず。
六、功を部下に推し、責《せめ》を身に引け。
七、金銭に恬淡たるべし。
八、自然に導くを得ば、上の上なり。
九、己に薄く、人にあつく、己に厳に人に寛なれ。
十、長所を見て人を使え。人は誰しも長所を有す。
十一、愚痴と立腹と厭味とは人の上に立つ者の大禁物、いいたきことあるも堪え得る雅量あるべし。
十二、為すべきことを為すために、いかなる情実も、いかなる困苦もこれを排し、断乎としてなすべし。
十三、みだりに難きを責むるな。ただし、泣いて責むべき場合あり。
十四、自分がまず研究して、確信を得よ。
十五、広く意見を徴すべし。部下の話は熱心に聞け。
十六、部下の人事に熱心なれ。人の世話はよくしてやれ。

十七、その労するところを知り、よく、これをねぎらえ。
十八、寡黙重厚《かもくじゅうこう》。従容自若《しょうようじじゃく》。眼眸《がんぼう》厳正。挙止端正。
十九、よく休ませ得る者は、よく働かせ得るものなり。
二十、人のことをわがこと程に思え。
二十一、努めて失意逆境にある人をひきたてよ。
二十二、自他の職域を守り、これを尊重せよ。
二十三、知らざることは、あくまで知らずとなせ。
二十四、少なく言い、多く行え。
二十五、絶えず研究して一歩先んぜよ。
二十六、小庇《しょうひ》〈小さな失敗〉をもって大功を没すべからず。
二十七、部下に威張るな、部下の機嫌をとるな。至誠一貫、正々堂々。
二十八、外柔内剛、柔くとも一節あれ。
二十九、事をなすには、腹をきめてかかれ。
三十、上に立つ者は、部下をして己の最大の保護者たることを感ぜしめよ。
三十一、自分一人にて事をするな。任せて人を使え。ただし、監督を怠らば、仕事をする人に張り合いがなくなる。
三十二、象徴を高く掲げ、衆心一致、精神の統一をはかれ。中心の引力はあらゆる手段をつくして強固ならしむべし。

三菱商事船舶部長の諸橋晋六が、まだ若いころ、上役と意見がくい違い、うつうつたる手紙を親爺の諸橋轍次（漢学者）に出したところ、諄々と、そういう場合の処し方を書いた返事がきた。

先輩と意見を異にするのはよくあることだ。そのこと自体、思いわずらうことはなく、会社のためにいうべきことはどんどんいうがよい。

ただ、お前が意見を述べるにあたって、第一に毛筋一本ほどでも私利私欲があってはならない。

第二に、相手の立場を尊重し、あくまでも礼儀を守ること。

第三に、不幸にして、お前の言が容れられぬことがあっても、平心を失わず、その場は退いて自分を再考し、何日か考えたあげく、やはり、自分が正しいと思ったら、また話をもちだしてみろ。これだけの用意があれば、相手もきっと、私心のないことがわかってくれるし、後日、お前のいうことに耳を傾けてくれるだろう。

諸橋は「処世の原理原則を父から教えられたものとして、今でも、この手紙を大事にしている」という。

経営者の人生観

中部電力会長の加藤乙三郎が労使懇談会の席上で、労組側の委員から「今まで労働問題に対する会長の蘊蓄《うんちく》のほどはたびたび承りましたが、よく考えてみると、会長の人生観についてはまだ一度も承っていないので、今日は、ひとつ、人生観について話して下さい」といわれた。加藤は日頃、心を打った箴言《しんげん》や人生論を手帳に書きとめておく習慣があるので、その日もやおら、手帳を開いたままでは上出来だったが、書きとめてあった箴言がちょっとまずかった。

女におっぱいとお尻とがなかったら、わたしは絵を描かなかったであろう。

――ルノアール

女の襟足の美しさを感じない男には、女性を品評する資格はない。

――出典不詳

まさか、こんなに色っぽいのを「わが人生観」などというわけにもいかない。

そこで「人生観などとまともに開き直られたんじゃ、いくら俺だって照れくさくて喋べれないよ」と、亀の甲より年の功で三十六計をきめ込んだ。

しかし、その日、帰宅するや、一室にとじこもって、日頃、書きぬいておいた語録を整理した結果、〈これだ!〉と、膝をたたいたのは、幕末の儒者、佐藤一斎の『言志四録』の一節だった。

少《わか》クシテ学ベバ、壮ニシテ為スアリ。
壮ニシテ学ベバ、老イテ衰ヘズ。
老イテ学ベバ、死シテ朽チズ。

「現在のわしは『壮ニシテ学ベバ、老イテ衰ヘズ』だ」とは、いささか図々しいが、以来、加藤メモは克明かつ丹念となった。

たまたま『経済往来』誌の対談で久しぶりにあったら、「あれから、二つの箴言をつけ加えたよ」といった。何れも、経営者の言葉で、一つは松下電器相談役、松下幸之助の語録だった。

「企業経営を論じていけば、結局は経営者の人生観の問題である」

政治家たると経営者たるとを問わず、上に立つ者が、必ず、身につけていなければならぬ資格が四つある。

第一に「使命感」――仕事を金儲けの手段ぐらいに考えているのは、本気になって、仕事に打ち込んでいないからである。仕事をするということは生きるということだ。悔いなく生きたという満足感をもって人生を終るためには、悔いのない仕事をしてゆくしか道がない。

第二に「無私」――会社を利用してポケットマネーをかせぐような社長は奇妙に没落している。「上、三年にして下をしり、下、三日にして上をしる」といわれているくらいだから、トップの醜態を部下は本能的に見破る。

それは、きわめて単純に算術計算をしてみても、よくわかる。社員を千人かかえる社長は、二つの目で千人を見る。ところが部下のほうは、二千の目で一人の社長を凝視するのだから、三日もすれば、その正体を見極めるのである。

第三は「詩人」〈ロマン〉――人間の器量は余裕から生れる。つまり、器量が大きければ大きいほど、小理屈や変な打算がぬけてきて、余裕綽々である。そして、東洋では、その余裕を養うのに「風流」の道をもってした。

風流とは文字通り「風」であり「流」である。人間が単なる功利のみに走らず、「造化の妙」に従って、精神的な境地を切り開いてゆくことである。

明末の学者、湯臨川《とうりんせん》の一言がいい。

以テ死スベクシテ而シテ生キ、以テ生クベクシテ而シテ死ス。此レヲ之《これ》、有情トイフ。

「有情」とはロマンの謂《いい》である。

第四に「現実処理能力」――経営理論とか、思想問題は、いくらでも立派なことが喋れる。しかし、それに行動が伴わなかったらナンセンスだ。

経団連や同友会などへ顔を出して、天下国家を論じているうちに、自分の主宰する会社が危うくなったという例は無数にある。カッコだけよくて内容の伴わぬトップの悲喜劇である。

トヨタ自工相談役、石田退三（故人）は厳しくその点を批判する。

「率直にいって、私は財界活動の効用を認めない。ことに現在、行われているような有名無実の財界活動は嫌いだ。せんだって、ある会合に出かけた。日ごろ、会費を払うばかりで、さっぱり出席しないので、たまには様子をのぞいてやろうという気になったからだ。ところが出てみると、想像通りの小田原評定だった。財界の大御所といわれる人たちが入れかわりたちかわり『天下国家のために』と講釈をたれるが、その内容たるや現実から遊離してしまって空疎そのものだ。ご本人は一所懸命、日本の進むべき道を説くけれども、私みたいなヘソ曲がりからみると、まるでヒマ人の世間話だ。あんなものは経営者のあわれな見栄である。つまらぬお説教をたれるひまがあったら、工場でもまわっているほうが、よほど『日本のためになる』というものだ」

以上を総括すると、松下幸之助のいう「人生観」にすべてが帰着する。

もう一つは、出光興産店主、出光佐三の台詞だった。

「人生というものは老後にある。たとえば六十歳になって、過去をふりかえった時、過去六十年は一瞬のうちに過ぎ去ったことに気がつくだろう。その間、贅沢をしたか、苦しんだかは、たいした問題ではない。ところが、老後の一時間、一日というものは実に大事だ。その大事な一日を『ああ、いいことをしたな』と思って暮すかどうかが、人生の幸不幸のきまるところだ」

『菜根譚』にいわく「声妓モ晩景ニ良ニ従ヘバ、一世ノ胭花《えんか》、碍《さまたげ》ナシ。貞婦モ白頭ニ守リヲ失ヘバ、半生ノ清苦、倶《とも》ニ非ナリ。語ニ言フ。『人ヲ看ルニハタダ後ノ半截《はんせつ》ヲ看ヨ』ト。真ニ名言ナリ」と。

意訳すると、こうなる。

うきくさ稼業の女でも

年をとってからいい良人につけば

三十年の浮気も帳消しとなるが

いかに貞淑だった女性でも

晩節を穢したら最後、せっかく守り通した半生の操も台なしだ。

古語にもいわく「人を看るには、その晩年を看よ」と。

まさに名言なるかな。

偉大なる常識人

「原理原則とは偉大なる常識」とかいたが『論語』を通読して感じたことは、孔子の偉さは、この「偉大な常識」を当然のこととしてやってのけた点にある。

孔子は近親の喪に服しているものの傍では、いつもひかえ目に食事をとったし、他家へ弔問に赴いた日には、帰ってからも歌をうたわなかった。そうでない時は、ときどき「唱歌の会」を催したが、気に入った歌があると、もう一度、その人にうたわせて、メロディーをよくのみ込んだうえで自分もうたった。

釣は好きだったが、川の水をせきとめて、根こそぎ、魚をとってしまうようなことはしなかった。鳥を射る時も、塒《ねぐら》にいるのは避けた。

盲目の楽師が会いにきた時には、階段までくると「階段」、畳へくると「畳だ」と教え、いよいよ、席につくと、「そこにいるのは誰」「ここにいるのは某」といちいち教えた。

孔家の厩《うまや》に火事があったが、退庁してから、人間のケガを尋ねただけで、馬の損害については尋ねなかった。

家老の季康子《きこうし》から「よく効くから」といって薬を贈られると、その厚意に感謝の意は表したけれども、のまなかった。「この新薬についての知識がないから」というのが理由だった。

このように生活の原理原則を確立して、それを忠実に実践したのが孔子である。

こんな話はどうか。

詩聖といわれた白楽天が鳥窠《ちょうか》和尚をとらまえて「禅の真髄は如何!」と問うたら「諸悪莫《しょあくまく》作《さ》。衆善奉行《しゅぜんぶぎょう》」〈悪いことはしない。いいことはやりなされ〉と答えた。

子供扱いされたと思った白楽天、むっとして「そんなことは百も承知だ。当り前のことじゃないか」と口をとがらせると、和尚に一喝された。

「三歳ノ童子モコレヲ識ルトイエドモ、八十ノ老翁ナオ行《ぎょう》ジ難シ」

大詩人はいたく赤面したとある。

治乱興亡の摂理

乱世の徴

原理原則が国家的スケールとなると、それは治乱興亡の学問となり、ディオニュシオス・ハリカリナッセウスの「歴史は例証よりなる哲学である」という箴言に集約される。

次の一文をじっくり読んでいただきたい。

大都会のデパートが、きらびやかで頽廃的な贅沢品を飾り窓に並べて、女性たちを誘惑する時。

若者が腕輪をぶらさげ、華奢な指輪をはめ、目に青い隈《くま》をつけて、女のように腰をふって街を歩く時。

解放された進歩女性が『結婚は売淫である』と罵倒する時。

ジャズが流行し、ポルノグラフィーが家庭にまで侵入し、ホモがあらわれ、他方では女丈夫が活躍する時。
そういう時こそ民主主義が危機に落ち込んだ時である。
一撃を加える必要がある時である。

ナチの御用学者、アルフレート・ローゼンベルクが、四十数年前に書いた『二十世紀の神話』の一節だが、もし、この解説がなければ、誰しも現代の日本を描写したものだと思うだろう。いうなれば、第二次大戦前夜のドイツが、今、われわれをとりまく環境と薄気味悪いほど似ているのだ。

ところが、もっと驚くことがある。紀元前三世紀、中国初期の思想家・荀子の挙げた「乱世の徴」がローゼンベルクと符節を合わせたように一致しているのだ。

ソノ服ハ組。
ソノ容ハ婦。
ソノ俗ハ淫。
ソノ志ハ利。
ソノ声楽ハ険。

〔ソノ服ハ組〕の「組」は「いろいろな布地を組み合わせてつくった華美な服装」であり、ローゼンベルク流にいえば「きらびやかで頽廃的な贅沢品」である。

〔ソノ容ハ婦〕は「男性の女性化」であり、「若者が腕輪をぶらさげ、華奢な指輪をはめ、目に青い隈をつけて、女のように腰をふって街を歩く時」である。

〔ソノ俗ハ淫〕は「風俗が淫らになること」であり、「ポルノグラフィーが家庭にまで侵入し、ホモがあらわれる」の指摘と一致するが、現代性風俗のスワッピングや乱交パーティーなどは「その弊極まれり」というところであろう。

〔ソノ志ハ利〕は、「国のため」とか、「社会公共のため」とかは全く念頭になく、利己一点張りの我利我利亡者が充満してきた時には、その民族は滅亡する。

住民エゴ、労組エゴ、企業エゴ、エコノミック・アニマルはその典型である。

宋史『岳飛伝』に「文臣、銭ヲ愛セズ。武将、死ヲ惜シマザレバ、則チ、天下ハ平カナリ」とあるのは、それが政治の原理原則であるからだし、『礼記《らいき》』でも「利ヲ専ラニスレバ、民、必ズ貪《むさぼ》ル」と教えている。利益主義、利益本位で治めると、民はどこまでも貪欲になるのだ。

〔ソノ声楽ハ険〕は、歌でも音楽でも、とげとげしくてどことなく気狂いじみている。

「歌は世につれ、世は歌につれ」で、いいにしろ、悪いにしろ、歌には世相が反映する。

晩唐の詩人、杜牧《とぼく》にこんな歌がある。

煙ハ寒水ヲ籠《こ》メ、月ハ沙《しゃ》ヲ籠《つつ》ム。

夜、泰准《しんわい》ニ泊レバ、酒家近シ。

商女ハ知ラズ、亡国ノ恨。

江ヲ隔テテ猶《なお》唱ウ、後庭花。


「後庭花」とは、陳の最後の帝、叔宝が政治を顧みず、酒池肉林の楽をくり返しているうちに生れた唄で、正式には「玉樹後庭花」とよび、「亡国の調べ」の代表格とされている。「後庭花」みたいな唄が街に流れるようになったら、民族滅亡の前兆といっていいだろう。

「偽、私、放、奢」の四患

後漢末の碩学、荀悦《じゅんえつ》の著した『申鑑《しんかん》』の中に「国に重い病気が四つある」とし「四患」を論じている。

第一に「偽」。

国家、国政において嘘が多くなる。選挙などはその塊《かたまり》であろう。

財界から政界に転じたある人物に「政界と財界は、どう違うか」ときいたら、「財界では、一度でも嘘をついたら、もう、おしまいです。しかし、政界では、毎日、嘘をついていなければ身がもちません」と答えた。

一篇の笑い話とだけではすまされないものを感じた。

第二に「私」。

国家、社会という公《おおやけ》を忘れ、皆が、私利私欲に走り出す。

企業エゴイズムに対して、民主主義の名に便乗した身勝手な一般大衆の要求、こういうエゴの風潮は、ますます強くなっているが、ギボンの『ローマ帝国衰亡史』は、それがいかに危険な兆候であるかを警告している。

かつて文明の中心世界であったアテネ人は、だんだん、わがままになり、いい気になって、自由を欲する以上に保証を欲するようになった。彼らは、いやが上にも快適な生活を欲して、あげくのはてに、その一切を喪失した。

保証も、快適も、自由も……。

アテネ人が自ら社会に寄与することを欲せずして、しかも自ら、その社会より寄与されんことを欲し、そして、彼らが、最も欲した自由が自己の責任よりの自由であったとき、ついにアテネは自由を失い、再び、自由を得られなくなってしまった。

第三に「放」。

国鉄労組のスト権ストなど、法律を無視した「放埒《ほうらつ》」の代表である。

歴史家のP・ガクソットは、その著『フランス革命』の中でその点を痛烈に論じている。

「革命というものは、悪政が続いて、社会状態、特に経済事情が極度に悪化し、国家の疲弊が甚だしい時に起るものだ」という考え方は、もう古い、非科学的なものにすぎない。

フランス革命の直前も、五十年来の富の蓄積に恵まれ全欧州の正金の半分を保有していたほどで、社会のあらゆる階級の物質的条件はよかった。

国王も決して、暴君でも、悪人でも、愚物でもなく、良心的で勤勉な善人であったが、ただ、国王たるの信念や勇気や威厳がなかった。

マリー・アントワネット妃も、聡明な婦人だったが、流行の進歩的観念にうかされ、王妃らしくふるまうことを嫌い、ただの上流婦人の如くにふるまい、周囲の貴族連も時流に迎合的であったし、アカデミーの評論、文学作品、演劇など、すべて悪質な冷笑、皮肉、破壊的調子を強めた。

また、議会も数百人が喧騒し、よく、中学生の喧嘩場のような騒ぎを演じた。

服装もだらしなく、拍手や怒号の狂気沙汰で、そこへ往々、多数の外来男女が脅迫的な叫びをあげて闖入《ちんにゅう》した（デモのこと）。

デモクラシーは醜悪な派閥争いとなり、外交問題まで派閥的立場から争論曲説され、外国の陰謀と工作の魔手は自由にのび、過激派のジャコバン・クラブは完全にプロシアに懐柔され、バスチーユ監獄襲撃の時にはプロシア人のアジテーターが混入していた。

ダントンも英国のピット政府に買収されており、ミラボーさえ、その仲間だった。

フランス政府の唯一の頼りはオーストリアだったが、これに対して革命派は「オーストリアとの同盟破棄は、バスチーユの占領と同じく、われわれにとって最も必要な条件である」と煽動した。そして、国民一般は政治に愛想をつかし、無関心がひろまり、平和と享楽を欲した。


第四に「奢」。

現代日本人の生活は、実力もないのに贅沢だけを覚えてしまっている。

明日にも、食べるものに事欠くようなことをいって、賃上げ闘争をやり、終ったら、けろりとして海外旅行へ行く。

そんな風潮が一般化してしまっている。

かつては、心から日本を愛したが、近ごろの日本にすっかり愛想をつかして帰国してしまった文明批評家のJ・カーカップは『日本随想』の中で、切実な心情を吐露している。

日本人は今、有史以来の濫費熱にうかされている。日本人は、いったん極端に走りだすと、必然的に不幸なことが起るまで、彼らは止まらないのだ。あまりに残酷で、ひどいことだが、破壊的な大地震などが日本の救いになるかもしれない。

かつて栄えた国々の衰頽について、その原因を専ら経済だけから説明することは妥当でない。それは先行した精神的衰頽の一結果にすぎないからである。そして、人間の精神が健康であるためには、少なくとも三つの問題を反省しなければならない。

その一つは「人生の意義」である。

自分の存在、生活に何らかの意味を覚えるということほど、人間の根本問題はない。

その二は、「人間は孤独、疎外に堪え難い」ということである。

家庭、職場、その他の社会、とにかく自分の周囲から愛惜や敬意や容認を得られなければならない。

その三は、人間は、自己の小さな自我の殻から解脱《げだつ》して、人生の少しでも高く、大いなる目的、理想、信仰というものに精進《しょうじん》しなければならぬ。

この観点からすると、「偽、私、放、奢」に陥った日本の最も痛切な問題は「生活が、その意義を失ってしまった」と人々が感じはじめていることである。

亡国の三つの兆

清朝の末期、イギリスと阿片戦争を戦った曾国藩は、やはり、世の乱れる前兆として三つを挙げている。

第一に、何事によらず、黒白がわからなくなること。

人間の原理的教養の欠落は、精神の不振となって現れ、善悪の区別がハッキリしなくなり悪に対して弱くなる。

その結果は逃避的、迎合的になる。

白痴単細胞の全学連のはねあがりや、動労の甘ったれストまでも、「たしかに悪いことは悪いが、彼らにも同情と理解とをもってやらなければならない」などと、煮えきらぬ弁解や態度をとる進歩的文化人と称する連中は亡国の際に出てくるあぶくみたいなものである。

第二に、善良な人々が、ますます遠慮がちになり、くだらぬ奴らが、いよいよでたらめをやる。

フリーガニズム（ロシア語で「無頼漢主義」の意）の横行。つまり、無頼漢がのさばりはじめた時は末期的症状である。ロシア革命の前夜、作家のメンシコフが『ノヴォエ・フレミア』紙に発表した一文は深刻に考えさせられるものがある。

ロシア全土を通じ、到るところ放逸無頼はひどくなり、無頼漢は一般人士の脅威となっている。裁判官は山積する事件のために全くヘトヘトになっており、警察官は犯罪の鎮圧のために参ってしまっている。そして牢獄ははちきれんばかりに充満している。こんな戦慄すべき情況下においては、もはや何らかの大反動を見るのは、やむをえないことではあるまいか。

第三に、問題が深刻になると、あれももっとも、これも無理からぬと、何でも容認してしまい、どっちつかずの痛からず、かゆからず、というような、わけのわからぬことをしてしまう。シューマン・プランの作成者であるフランスの政治家ロベル・シューマンは、その著『ヨーロッパのために』の中で「政治における最悪の態度は決定を行い得ない態度であり、さらに悪いのは、相矛盾する決定を行うことである」と述べている。

その国の指導的地位にある人間が、事に当って、明確なる決定を行う勇気に欠け、部下から、あるいは国民から、その軽重を問われるようなことがあると、それは本人の不幸であるばかりでなく、国家を衰亡へ追いやることである。

元総理の三木武夫などはその典型であろう。

総理になると同時に「何が何でも、独禁法の改正だけはやる」といきまいた三木が、猛反対にあって、「やはり無理か」とひっこめるとみせかけ、陰にまわって三木一流の寝わざで共産党の要求まで丸のみにしたうえで衆議院を通過させ、〈してやったり〉とほくそ笑んだのも束の間、参議院で否決されたのは、三木自身の軽重を問われ、「史上最低の総理」の烙印を押れた。

そして、ついには、自民党株式会社を更正法適用寸前にまで追い込んだ。

国に五寒あり

また、漢の劉向《りゅうきょう》が、当時の役人、政治家に教えた有名な警告に「五寒」がある。国を、民族を凍死させる「五つの重大問題」である。

第一は「政外」。政治がすべてピント外れである。

第二は「機密が洩れる」こと。重役会の内容が、その日に外に洩れるような会社は、大体において「危ない会社」である。

第三に「女厲《じょれい》」。「厲」は荒砥《あらと》のこと。女がはげしいの意。中共の江青夫人、北鮮の金聖愛、フィリピンのイメルダなど、生々しい実例がある。

第四が「卿士《けいし》を礼せず」。大臣連中を小馬鹿にして、ないがしろにする。そのため政事が敗れる。

第五が「内を治むる能わずして外を務む」。内政を立派に整えることができず、それをごまかすために、外に問題を起す。強がりをやってみせる。中共や北鮮が、その好い例。

『ロンドン・タイムス』の警告

歴史の原理原則は常に苛烈である。

ところが人間という奴は、よほどのギリギリに追いつめられ、火の粉をかぶらなければその苛烈さがわからぬようである。

十年前、関経連前会長の芦原義重が、『ロンドン・タイムス』の論説を引用して、日本経済に警告を発したことがある。

この論説は「英国民は身分不相応な生活に安住し、人は余分に働くことよりも余分に休暇をとりたがり、働かねばならぬ時間にありながら、賭けごとに夢中な人があまりにも多すぎる。また、国民は因循姑息で、新しいものよりも古いものを好み、物事を実行するよりも、実行しないための理由を探しもとめている」と、かつて七つの海に雄飛したイギリス国民が堕落してしまったことを指摘し、さらに「どの内閣も、国民に真実を告げる勇気をもたず、労働組合を少しでも正しい姿勢に矯正しようという覚悟に欠ける上、経済政策においても、デフレ政策の途次、少しでも危ない企業があらわれると、倒産するまでに援助の手をさしのべる」と政府の弱腰を手厳しく衝いている。

さらに産業界にも矛先を向け、「完全雇用の結果、労働組合は力を濫用するし、政府の経済基本政策に反対して、山猫ストをやめない。一方、経営者は経営者で、雇用者を十分働かすことができず、怠惰で創造力のない者が多すぎる。かくして、産業界は労使とも、いまだに保護を求める声がいたずらに多く、競争にたちむかう意欲に欠けている」と、労使双方を斬り、最後に、「二十年もの間、指導力に欠け、歯に衣きせた表現で、厳しい現実をかくし、言行一致せず、責任を果たすことなどは全く考えず、権利ばかりを主張し、国民全体に『とるものは何でもとるが、与えるものはビタ一文与えない』という根性がしみ込んでいる。英国民が戦時中、一再ならず立派に果たし得たことが、どうして、この平和時に一度としてなし得ないのだろうか」と結んでいる。

あまりにも腑甲斐ないイギリス国民に歯ぎしりして口惜しがっている『ロンドン・タイムス』の気持がこちらにも伝わってくるほどの熱気を帯びた論調だが、この警鐘にもかかわらず、その後のイギリスは「イギリス病」の蔓延で手のつかぬ状態になってしまっている。

その証拠に昭和五十年の秋、亡くなった世界的歴史学者のアーノルド・トインビーが死の直前まで取り組んだテーマは「祖国の根柢をゆさぶる労働組合と政府との力関係」だった。

そして、トインビーは「国民投票の過半数をとった政府すら、主権を押しつけることができない存在」として労組をとらえ、「英国には、政府と労働組合という二つの主権、いや、各労組の力を考えると、二つ以上の主権が存在する」と分析したうえで、「英国の政治状況はヘンリー七世統治時代以前の状況に逆もどりした。いや、それよりむしろひどいくらいのものだ」と結論を下している。

「ヘンリー七世統治時代」というのは、一四世紀の中期、イギリスはバラ戦争によって乱麻の如く乱れた。それを武力と政略で終結させてイングランド王となり、イギリス絶対主義の基礎を築いたのがヘンリー七世で、トインビーは「英国は今やバラ戦争の混乱のただ中にある」と断じたわけである。

アメリカの病巣

そういえば、『文藝春秋』（昭和五十四年二月号）で、ハーバード大学講師の板坂元が「アメリカ大革命」というテーマの下に現代アメリカの病巣を見事に抉り出しているが、この一つ一つが「亡国の兆」に直結するものである。

以下、その要点を紹介する。

▦ 不景気とか、インフレとかが、どの雑誌にも毎号のようにとりあげられるのに反して、ホテルや飛行機が満員という現象が慢性化し、レストランなど、いつもいっぱいで、待たされることが珍しくない。ホテルにいたっては、一週間ぐらい前では、絶対に部屋にありつけない。

友人に、その原因を質したら、「インフレで現金をもっていると損になるから、右から左に使ってしまうのさ」という返事だった。

ともかく、アメリカ人が家にいたたまれなくなって、むやみと動きまわりはじめた。しかも、どことなく殺気を帯びている。あたかも、適応性を失った動物がある日、突然、いっせいに大群で移動をはじめたのに似ている。

■バクチ熱が猛烈な勢いでひろがっている。カジノ、ビンゴそして宝くじ、場外馬券売場の盛況、どうやら、バクチはアメリカ社会の中に定着した。

何しろ、合法的ギャンブルに消費された金が年間百八十億ドル。非合法ないしは私的ギャンブルには推定百億ドルから三百八十億ドルといわれ、今や、バクチはアメリカ経済の中でも、大きな産業部門の一つとなった。

人々は、時間をもてあまして、しかも何か意味のあることを見つけることができぬままに、一時のスリルを求めるギャンブルに走るようである。

■アメリカにおける十五歳から二十四歳までの年齢層での死亡原因の第二位は、殺人になっている。生き甲斐どころか、殺される恐怖が日常生活の身辺近くにあるのだ。

また、高校生の四十パーセントは、ゆすり、暴力、殺人の被害者だ、という統計もでている。つまり、日本のどんな札つき高校よりもひどい環境の中でアメリカのヤングたちは生きてゆかねばならぬのだ。毎土曜の晩に町のディスコに出かけていって、ビー・ジーズを踊り狂いたくなろうというものである。

■プレイトーズ・リトリート〈プラトンの隠れ家〉と称する「乱交クラブ」が殷賑《いんしん》をきわめている。

マンハッタン七十四丁目、ブロードウェーから、ちょっと西へ行ったところにアンソニア・ホテルがあり、その地下に「乱交クラブ」がある。

午後九時から午前六時まで、週五日開店。入場料は男女一組で三十九ドル。男だけでは入場できないが、女なら一人でも入れる。のみもの、アルコール分なし〈ニューヨーク州は裸の人間が酒をのんだり、サービスしたりすることを禁止している〉。食物は自由。三百組を収容できるスペースは温水プール、ディスコ、ベッドのある大部屋、ウォーターベッドなど自由にセックスのできる設備と雰囲気になっている。

客は弁護士、医師、教師、女優、職業婦人など、概して若い人が多いが、客筋はどちらかというと、インテリが大部分だという。

お互いに名を明かすこともなく、自分の好むままに相手を選んで性を楽しむことができる。

ここでは自分の快楽を満足させ、自分の欲しいものだけを得れば、それでいいのであって、一歩、外へ出たら、ＰＴＡに行こうが、教会に行こうが、前夜のできごとはクールに忘れてしまうという約束になっている。

もし、これがアメリカ版『ローマ帝国衰亡史』の里程標なら、目だたぬながら衰亡の最も早いきざしを示すものだろう。

▩

「福祉のクイーン」といわれるアーリン・オーティス夫人は、架空の名前を六つもっていて、これを使って、生活保護の金を十五万ドルも受けとっていた。しかも、もらった金を不動産に投資して、「貸しアパート」も何軒かもっていた、というから、生活に窮していたのではなく、知的、計画的に実行していたものである。

レ・バーバリズム

文明はバーバリズムから生れる。したがって、バーバリズムをなくした時、文明は力を失う。文明が爛熟し、頽廃しはじめると、レ・バーバリズム〈バーバリズムにもどれ〉が叫ばれるのは、そのためである。

板坂元は、「新しい時代が、金で買うことのできない幸福を、どうして見つけるかを模索する時代になっていくとしたら、これも産業革命が継子あつかいした古い清教徒の伝統にもどることである。とすれば、もはや、これはアメリカの未来だけにかかわる問題ではない。人間精神が物質に打ち勝つことができるか、どうかは、人類がかかえた永遠の問題でもあるのだ」と結論しているが、コーネル大学教授のハッカーは、この「亡国の兆」をもって深刻に受けとめ、「アメリカ時代の終り」〈The End of the American〉という論文の中で、次のように書いている。

今世紀の残された期間に、世の中は混乱の渦にまき込まれるであろう。社会不安、暴動、転覆、革命が人びとの神経を悩まし続けるであろう。

アメリカの権威は次第に予想されなかったところから侮辱され、その地位は、かつて感謝と敬意を表わしていた面々からの忘恩と敵意とにさらされるであろう。しかも、現代のアメリカは、このアメリカの重大な変化の時期に際して、過去の歴史の中で、繁栄の経験はもっているが、治乱興亡をくり返した経験がないため、このアメリカの危機を解消し、これを救う力をもち合せていない。

シンギュラー・ポイント

このイギリスやアメリカの病巣は他人事としてはすまされないものがある。日本の現状を分析する時、あまりにも多くの共通点を発見して、愕然とするのは筆者だけだろうか。「歴史の原理原則」に全く気がつかないか、あるいは知っていても、まあまあ、ということで放置すると、どういうことになるか。

「シンギュラー・ポイント」という言葉が識者の間でいわれはじめている。

この「シンギュラー・ポイント」は「特異点」と訳されている。

たとえば、フラスコで湯を沸かす。

ガスに点火して、しばらくは何の変化も見られない。

ところが、いつの間にか、プクプクと泡が立ちはじめ湯気が出る。しかし、この程度ではあまり注意をひかない。そこで放っておくと、急に沸騰点に達し、湯があふれ出し、ひどいときにはフラスコが破裂する。

そういう危険点というか、分岐点のようなものを「シンギュラー・ポイント」と名づけている。

つまり、シンギュラー・ポイントに達すると、これまでとは違って、急速に事態が進行して、異変が起るところから、これを社会学用語に転化したのである。

時勢も、シンギュラー・ポイントに達する前に、しかるべき処置さえすればうまくおさまっていくのに、「何、心配はないさ」と放っておくと、あっという間にシンギュラー・ポイントを突破して、混乱を生じ、一挙に破滅への道を突っ走るのである。

喜怒哀楽の原理原則

人生は喜怒哀楽の四者を出でず

天下ノコト、万変ト雖《いえど》モ、吾ガ之ニ応ズル所以《ゆえん》ハ喜怒哀楽《きどあいらく》ノ四者ヲ出デズ。
此《こ》レ、学ヲ為スノ要ニシテ、而《しこう》シテ政《まつりごと》ヲ為スモ亦《また》、其ノ中ニ在リ。

陽明学の始祖である王陽明が弟子の王純甫《おうじゅんぽ》に与えた手紙の一節である。

「人生のことは、千変万化、いろいろさまざまであるが、吾がこれに応ずる所以《ゆえん》は、喜怒哀楽の四者を出でず。つまり、いかに喜び、いかに怒り、いかに悲しみ、いかに楽しむか、ということのほかに出るものではない」

王陽明は元来が文吏であり、一国の首相でありながら、必要とあれば、国軍をひきいて各地に転戦して常に勝ち、このころのいかなる将軍よりもすぐれた武人としての能力を発揮し、陣中、学問を講じて、知行合一の陽明学を樹立した人物だけに、さすがに明快で深い言葉を吐いている。

世には、道徳というと、一切、喜怒哀楽を表面に出さない、感情などには動かされないと頑なに考える向きが多いが、それはとんでもない誤解で、人生とは、いかに喜び、いかに怒り、いかに悲しみ、いかに楽しむか、ということであり、換言すれば、「いかに生きるか」ということに正しい自律、つまり原理原則を立てることである。

それだけに、「喜怒哀楽」に対する原理原則をもっているか、どうかをみれば、逆に、その人物の出来栄《できば》えがわかろうというものである。

中国思想の源流といわれる『呂氏春秋《ろししゅんじゅう》』に次のような人物鑑定法を挙げている。

《之ヲ喜バシメテ、以テ、ソノ守《まもり》ヲ験《けん》ス》

本人を嬉しがらせて、その人間に、それだけの守があるかどうかを験《ため》す。

人間、嬉しくなると、ついニタニタしてしまうが、こんな人物はあまりあてにならぬ。得意淡然という態度がホンモノである。

《之ヲ怒ラシメテ、以テ、ソノ節ヲ験ス》

怒りは感情の爆発だから日ごろの理性もふっとんで「節度」を失ってしまう。

「節」とは、どんなに怒っても、締るところは締るし、抑えるところはちゃんと抑えることで、これはなかなかに難しい。特に老齢になればなるほど、ひとたび、感情が激発すると、セルフ・コントロールにものすごく骨が折れる。しかし、この「怒」も「文王、赫《かく》トシテ怒レバ、天下平カナリ」というところまでいけば最高級の人物といえよう。

《之ヲ哀シマシメテ、以テ、ソノ人ヲ験ス》

心理学でも「人柄が最もよくあらわれるのは、その人が悲しみに打ち沈んだ時である」としている。

毎日新聞社長の平岡敏男ほどの剛直な男でも、娘と孫とを同時に喪ったときには、血涙をしぼるような調子で、こう書いている。

腹だたしさ、悲しさ、情けなさを何処へぶちまけていいかわからぬやるせなさであった。いったい、誰が悪いのだ、誰のせいだ。

考えてみると、自分も含めて、みんなを責めたくなるし、といって誰をも責められない。それだけに一層やりきれない気持である。

思う存分どなりちらす相手がいないのだ。

憤りをなげつける対象がないのだ。

朝、目がさめると涙がでる。

《之ヲ楽シマシメテ、以テ、ソノ僻《へき》ヲ験ス》

「喜ぶ」と「楽しむ」との違いは、「喜ぶ」が本能的であるのに対して、「楽しむ」はやや理性が加わる。

「仁者ハ山ヲ愛シ、智者ハ水ヲ楽シム」と『論語』にある。

山は不動である。仁者は利害、栄辱《えいじょく》その他に心を動かさぬから、動く水よりも万古不動の山を愛する。一方、智者は流転の世に誤りなく身を処し、頭も流動的で流れてやまぬ水の姿を楽しむ。

仁者と智者との違いを「愛」（本能的）と「楽」（理性的）とで、ぴしゃりと説明しているのは、さすがに「文字の国」だけのことはあるが、それはともかく、人間は楽しむと、どうしても僻《くせ》がでる。偏《へん》する。碁が好きだと碁に偏《かたよ》り、酒が好きだと酒に偏《かたよ》り、美女が好きだと美女に偏《かたよ》る。そこで、大いに楽しましめて、その僻を観察するのである。

色道三則と浮気の五原則

「喜怒哀楽」が端的にでるのは、女に対する姿勢であろう。すでに亡いが、野村證券の会長だった奥村綱雄はよくこんなことをいった。

「人物を評価する場合、真正面からとり組むよりも、裏側の『色』からみたほうが、より正確に把握できる。というのは『色』には人格が反映するからだ。特に別れぎわにネ。だいたい、男と女とはほっといてもくっつくものだ。しかし、女との別れぎわほど、男の本性がハッキリとでるものはないな。冷酷な男は冷酷な別れかたをするし、物質万能の男は札タバで頬っぺたをひっぱたくような別れかたをするが、情のある男は、同じ別れるにしても、脇から見ていて、涙を誘うような切々たるものを残す。世間一般は、男と女とが一緒になるときには、あれこれ騒ぐが、別れる時には案外さっぱりと聞き流してしまう。しかし人物を見ぬくには、その逆をいって、別れぎわの男の態度をしっかり見極めなければいけない」

また、さらにこうもつけ加えた。

「大きな声じゃいえんけど、四十をすぎてなお、女房以外の女に惚れられないような男は、われわれ同性からみても魅力がないぜ。〽外へ出たなら惚れられしゃんせ　そして惚れずに帰りゃんせ……、って都々逸があるけど、こんな思いを女性から托される男でなくちゃな」

しかし、この「色道大学」ほど卒業の難しい学校はない。一課程を無事修了することさえ、われわれ凡人には至難の業である。そして、この道にも、厳然として「原理原則」がある。いわく「色道三則」。

一、色の道に連れは禁物

色恋はもともと秘事《ひめごと》である。それを集団でやるなどは全くナンセンスだし、この道の大家であるポール・レオトーも「行きずりの恋など、僕の趣味ではない。僕は女郎屋へ行ったこともない。恋を金で買うのは卑しさの象徴である」ときめつけている。

また、濃艶な濡場《ぬれば》を得意とする作家の瀬戸内晴美でさえもいっている。

「何のためにエロスを開放するのですか、もしも、私のセックスが夫と二人の生活によって充たされているとすれば、私はそれだけで満足です。そして、私が満足しているということを他人に絶対に秘密にしておきたいと思います」

二、男は自分の愛《いつく》しんだ女のことを他人に喋るべからず。

自分の愛した女のことを、まして、前夜の閨《ねや》の模様などをベラベラ喋るような奴は男としても信用できない。まして、結婚した女性を「むかしは俺の女だったのに……」などと未練たらしくやるのは男の屑《くず》である。

三、自分の下半身の始末に他人の智慧を借りるのは、その道の恥である。

男子たるもの、自ら播いた種は自分が刈らねばならない。たとい、他人が誤解しようと、正解しようとである。

「色道三則」に対して「浮気の五原則」がある。

一、一回限りであること。
二、ヤラトラ（金銭のやりとりなし）であること。
三、人目をしのぶ仲であること。
四、お互いに恋愛感情があること。
五、両方とも新品でないこと。

唐時代の柳暗花明の巷《ちまた》のことを書いた『唐土名妓伝』という珍本がある。「遊び」を通じて、人物評価をやっている点が異色である。

宋学を完成させた程明道《ていめいどう》、程伊川《ていいせん》兄弟の人物の差を一言《いちごん》で裁断している。

いわく「兄、明道ハ『眼前、妓アリ。心中、妓ナシ』。弟、伊川ハ『眼前、妓ナシ。心中、妓アリ』。以テ、二人ノ差ヲ知ルベシ」

兄弟ともに大学者で「二程」と称され、その学問は朱子に受けつがれたほどだったが、酒席で、芸者とのやりとりを観察していると、兄貴の程明道は、洒脱《しゃだつ》な会話で大いに芸者衆を遊ばせ、本人も楽しそうに酒をのむが、心の中では、いかに美妓が侍《はべ》っても、全く、意に介していなかった。

その兄にくらべると、弟の程伊川は、芸者の存在など、とんと眼中にも置かぬような顔をして、難しそうな話をしているが、内心では、もてたくてもてたくてしようのない気持が、ありありと態度に現れていた。

となると、当然、兄、明道のほうが数等、人物は上ということになる。

この宴席の原理原則を自分に当てはめたら、どういうことになるか。よくよく、虚心に考えてみたら、「眼前、妓アリ。心中、妓アリ」というところに落ちついた。

尊氏にかなわざるもの三つあり

昔は足利尊氏といえば、逆賊の張本人の如くに教えられたが、尊氏また一個の英雄であり、武将としても政治家としても一流であった。

その尊氏の「原理原則を教えてもらう師」は、夢窓国師《むそうこくし》（尊氏が後醍醐天皇追善のために建てた天龍寺の開山。室町時代、禅林の主流）だった。しかし、よほど尊氏がすぐれた人物だったとみえて、「我、尊氏にかなわざるもの三つあり」と、師の夢窓国師が兜をぬいでいる。

■かなわざるものの第一は「戦場にのぞみて恐怖の色なし」。

いかに放胆な男でも、初陣《ういじん》には恐怖に顔がひきつれる。特に敵が突撃してくるとき、兜の八幡ガネを凝視していることは不可能に近い。恐怖で眼がくらんでしまうのだ。

尊氏はそれを平然とやってのけたところに武将としての並々ならぬ特質がある。

たとえば、舷々相摩する海戦で、敵の砲弾が何処かに命中、炸裂すると、反射的に水兵たちは艦長の顔を見る。

このとき、艦長が神色自若として敵艦を睨んでおれば、水兵たちは再び勇を鼓して戦闘態勢に入り、自信をもって戦う。ところが、もしも、ここで艦長がいささかでも、ひるんだ色を見せたら、艦内は混乱に陥り、せっかく勝てる戦も負けいくさとなってしまう。

企業もまた同じである。一朝、事が起ると、社員たちは一斉に社長の顔を見る。社長が動揺したり、しょぼくれたりしたら、その会社は没落の運命を辿る以外に道はない。

■かなわざるものの第二に「吝《ものおしみ》することなし」。

世の中には吝を売りものにしている人間がいる。そういう手合は、人間的教養の欠落で、吝とはいかなることかを知っていないからだ。

杉浦重剛（東亜同文書院長を経て東宮御学問所御用掛となった和漢洋に通じた大教育者）が吝をハッキリと規定している。

己《おのれ》ニ倹ニシテ人ニ倹ナラズ。是ヲ愛トイウ。

己ニ倹ニシテ人ニ倹ナル。是ヲ倹トイウ。

己ニ倹ナラズ。人ニ倹ナル。是ヲ吝トイウ。

自分自身は質素倹約を旨としてつつましやかな生活をしているが、人には決してこれを強制しない。これを愛という。

自分も倹約するが、人にもそれをやらせるのを「倹」という。

最も程度の悪いのは、自分は贅沢三昧《ぜいたくざんまい》しているくせに、他人には倹約を強いる、これを吝という。

▦

かなわざるものの第三は「依怙《えこ》の心なし」。

一視同仁（誰かれの別なく、同じように愛すること）は王者の態度である。それは、自分の感情を完全に意志の統制下に置くことだから、かなり修練を要する。

よく考察してみると、「かなわざるもの三つ」は何れも「帝王学のいろは」であるが、夢窓国師はさらに「この三つすらもかなわぬに、どうやってみても、尊氏に及ばざるものが一つある」と白状している。

いわく「酣宴爛酔《かんえんらんすい》の余といえども、一坐の工夫なければ眠らず」。酣宴爛酔は、読んで字の如く、盛大な宴を催し、酔眼朦朧《すいがんもうろう》となるまで飲むことである。しかし、いかに泥酔しても、帰宅したら、必ず、坐禅を組み、無念無想の一時をもたねば寝《しん》につかぬというのである。

〈こんなこと簡単じゃないか〉と思うむきがあったら、試みにやってみるがいい、いかに、難しいことかがよくわかる。

陋規の崩壊は革命に通ずる

興銀相談役の中山素平は、調停の名手とされているが、「調停には二つの原理原則がある」という。

第一は、どちらが勝って、どちらが負けたかをハッキリしないこと。

第二は、当事者は、すべて損をした形にすること。

それと、心構えとしては、明末の碩学、陸紹珩《りくしょうこう》の読書録『酔古堂剣掃《すいこどうけんすい》』の一節である。

事ヲ議スル者、身、事ノ外ニ在ラバ、宜シク利害ノ情ヲ悉《つ》クスベシ。

事ニ任ズル者、事ノ中ニ在ラバ、当《まさ》ニ利害ノ慮《おもんばかり》ヲ忘ルベシ。

全く、事件と関係なく外部にいて、調停役を頼まれたときには、関係者の利害関係を克明に調べあげたうえで、調停にのりだせ、しかし、事件の渦中にあった場合には、自分の利害打算は一切忘れてやらぬと、うまくまとまらない。

中国では、昔から「清規《せいき》」と「陋規《ろうき》」ということがやかましくいわれる。

「清規」とは、「親に孝行せよ」とか、「兄弟仲よくしろ」とか、「人のものは盗むな」とか、「汝、姦淫することなかれ」という一般的な表向きの道徳である。

これに対して、「陋規」というのは、賄賂《わいろ》には賄賂のとりかたがあるし、喧嘩にも喧嘩のルールがある。また泥棒にも泥棒の掟がある。いうなれば、「ダークサイドの道徳」であり、裏街道を歩く者の仁義である。

この陋規が崩れると、中国は必ず革命に突入している。いうなれば、スリや泥棒などの犯罪者が、その道徳を失うということは、社会の危険信号である。

喧嘩の仲裁はこの「清規」と「陋規」とのすれすれのところでやらねばならぬから難しい。難しいことがやれるのは中山泰平の人間的魅力と、この原則を挺《てこ》としてやるからであろう。

それはともかく、かつて義賊といわれた鼠小僧次郎吉は、三つの陋規を厳重に守った。

第一、金をとられても困らぬ中流以上の家を襲うこと。

第二、放火をしないこと。

第三、女を犯さぬこと。

その義賊も命運尽きて、ついに捕えられ、首斬り浅右衛門に首を刎ねられることになった。

刑場へひきだされた鼠小僧は、浅右衛門にあうと、ごく親しい友人と話すみたいに、「この度は、つまらんことでご厄介をおかけします」といって、悠々と首の座についた。そこで定法通り、目かくしをしようとすると、手をふって「わっちでしたら、そいつぁご免蒙りやす」といい、平然と首をさしのべた。

「それじゃ」といって、浅右衛門は後ろへまわり、刀をふりあげたが、どういうわけか、斬りおろせない。二度、刀をとり直したが、二度とも失敗。三度目に刀を構え直し、「浅右衛門ともあろうものが、たかが盗人の首を斬れぬことがあろうものか」と自分をしかりつけ、体ごと斬りつけて、やっとの思いで首を落とした。泥棒とはいえ、陋規を守れる男には、これくらいの迫力がある。

ところが、最近、捕まったスリの親分が慨嘆していた。

「われわれの若いころには、かわいそうな者からは絶対にすらなかったし、すっても人を傷つけぬというのが、スリの誇りだった。それが、近ごろは、子供のものまでもするし、すりそこなうと、人を殺傷するのも平気でやる。スリの道徳がなくなった」

つまり、陋規の崩壊であり、笑い話ではすまされない、人心の荒廃を物語っている。

もっとも、自民党株式会社を更生法適用に追い込んだ三木武夫が、後始末をやる管財人の福田赳夫に、「いちゃもん」や「条件」をつけたのは「陋規」違反の最たるもので、財界では絶対に許されぬことが、政界では平然として通っているところに政党の頽廃ぶりがある。いうなれば、上は総理から下はスリまで、陋規を平然と犯すところに、日本の社会の病巣の深さがあるのではないか。

人間と動物との根本的相違は「尊敬する気持」と「恥を知る心」とを人間がもっていることである。裏返していえば、この二つのうち一つでもなくしたら、人間失格である。

ことに昔から「廉恥」ということがやかましくいわれるが、この「廉恥」の「廉」は「無私」ということである。自分のことよりも、いつも社会全体のことを念頭に置いて行動することであり、この「廉」がわかると、利己的な、反社会的生きかたを恥ずかしく思うようになる。これが「恥を知る」ということである。

ドラッカーも「経営者がなさねばならぬ仕事は学ぶことができる。しかし、経営者が学び得ないが、どうしても身につけていなければならない資質が一つある。それは天才的な才能ではなくて、実は、その人の品性なのである」と指摘しているが、その品性は、この「廉恥」をたたき台として養われるものなのだ。

機ヲ知レバ心自ズカラ閑

全日空相談役の岡崎嘉平太は「知機心自閑（機ヲ知レバ心自《おの》ズカラ閑）」という中国の箴言をもってきて、原理原則を説明する。原理原則を抑えておりさえすれば、どんな複雑なことに出くわしても、それにふりまわされることなく、心が常にのどかである、の意である。

岡崎は大正五年、はじめて上京して一高の試験を受けた。無事終って、帰ろうとしたが、西も東もわからない。結局、先輩に頼んで東京駅まで送ってもらうことになった。ところが、その先輩、小石川から電車にのった途端に眠り込んでしまった。先輩が起きなければ、何処でおりてよいか、わからない。といって、先輩を起すのは失礼だし、というわけで、岡崎は停車する度に駅名を目を皿のようにして探し、全く心が落ちつかなかった。

そんな岡崎の心理状態を知るや知らずや、電車が春日町、水道橋、神保町を通って、大手町にさしかかると、先輩がパッと目をさまし、涼しい顔で「おう、この次だぜ」といった。

岡崎は、この時、つくづく思ったという。「やっぱり何も知らぬと苦労するということです。知っている先輩は、何もかも心得ているから、いい気になって、二十分ぐらい寝てしまう。『知機心自閑』で居眠りもできるわけです。人生もまた同じじゃないですか」

蛇足であるが、アメリカ大統領のカーターでさえも就任演説でぶちあげている。

「われわれは移りゆく時代に適応しなければならないが、さらにまた、不変の原則を堅持しなければならない」

これはハイスクールの先生、ユリア・コールマンからたたき込まれた言葉だという。

師弟邂逅の奇しき縁

人生への「問い」をもて

学問の師は複数かもしれないが、魂の師は一人である。

原理原則を教えてもらう師は求めなければ得られぬ。しかし、求めたからといって、必ずしも得られるとは限らない。そこには、邂逅《かいこう》による「奇しき縁《えにし》」としか説明できない何かがある。

邂逅には条件がある。必ず、人生についての「問い」をもっていることである。

この人生をいかに生くべきか、という決して簡単には解決できない「問い」を胸中深く秘めての邂逅だからこそ一筋の貫くものがあるだろうし、それが相手にひびくのである。

重ねていう。「問い」をもたぬ邂逅は単なる社交にすぎない。

親鸞（浄土真宗の開祖開山、『教行信証』の著者）は師の法然（浄土宗の開祖）との出会いを「遭ひ難くして、今、遭うことを得たり。聞き難くして、今、聞くことを得たり」と表現したが、生涯のどの時期でもいい、自分がさまざまに思い迷っていたとき「その人に逢えてよかった」

「その人に逢うことによって開眼《かいげん》せしめられた」という喜びを抱いている人は大勢いることだろう。

人生は所詮、邂逅と別離とに要約されるが、邂逅によって与えられた一筋の光明が人間形成に決定的な影響を与える。まして、生涯の師を得た場合においてをやだ。

フランス軍のベルリン侵入という国家的危機に立ち上がり、「ドイツ国民に告ぐ」という演説で有名な哲学者フィヒテは、若いころ、ライプチヒ大学で神学を専攻したものの、牧師にもなれず、小説を書いたがものにならず、家庭教師の口すらもないひどい状態にあった。

そんなとき、ある大学生からカントの『純粋理性批判』の解説を頼まれたのがきっかけとなり、カント哲学に共鳴したフィヒテは、やがてケーニヒスベルクにこの碩学を訪れた。

ところが、この無名の貧書生に対するカントの扱いは意外に冷たかった。

発憤したフィヒテは、四週間、不眠不休で大論文を書きあげ、それに次のような手紙を添えて送った。

「尊敬すべき哲学者をお訪ねするのに、その資格があるかどうかも考えずに、突然うかがいましたことは、まことに失礼でございました。それで私は、自分で自分の紹介状とするために、この論文を書きました」

その論文を読んで、すっかり感銘したカントは、改めてフィヒテを招き、それがフィヒテの学者への道を開いたのであった。

老子ヲ見ルニ龍ノ若シ

カントの冷たいあしらいを怒らず、自分の無資格を反省して発憤したところに、フィヒテの偉さがあるが、『十八史略』にでてくる老子と孔子との邂逅も、それに似ている。

孔子、焉《ここ》ニ問ウ。老子、之ニ告ゲテ曰ク「良賈《りようこ》ハ深ク蔵《おさ》メテ、虚ナルガ若《ごと》ク、君子ハ盛徳アリテ、容貌、愚ナルガ若シ。子ノ驕気《きようき》ト多欲ト態色《たいしよく》ト淫志《いんし》トヲ去レ。是レ皆、子ノ身ニ益ナシ」ト。

孔子去リテ弟子《ていし》ニ謂《い》イテ曰ク「鳥ハ吾《われ》、其ノ能《よ》ク飛ブヲ知ル。魚ハ吾、其ノ能ク游《およ》グヲ知ル。獣《けもの》ハ吾、其ノ能ク走ルヲ知ル。走ル者ハ以テ網《あみ》ヲ為スベク、游グ者ハ綸《りん》ヲ為スベク、飛ブ者ハ以テ矰《そう》ヲ為スベシ。龍ニ至リテハ、吾ハ知ルコト能ワズ、其レ風雲ニ乗ジテ天ニ上《のぼ》ラム。今、老子ヲ見ルニ、其レ猶《なお》、龍ノ若キカ」ト。

孔子があるとき、老子に「礼」についてたずねると、「本当に実力のある商人というものは、いい品物ほど奥深く蔵《しま》いこんで、店さきには並べたてぬものだから、ちょっと見には、いっこうに商品がないみたいに思える。同様に君子も、立派な学徳をそなえた人物ほど、キラキラしたものを表面にあらわさないから、一見、愚そのものに見える。孔子よ、お前さんもそうならなければいけない。まず驕気（自惚れ）と多欲（あれもこれもと手をだす）と態色（スタンドプレー）と淫志（物ごとに淫する、度がすぎる）の四つをとりなさい」と厳しい忠告を与えた。

いかに先輩とはいえ、これだけ頭ごなしにやっつけられたら、ムッときそうなものだが、孔子は直言を虚心に聞いたばかりか、老子を龍にたとえて、「端倪《たんげい》すべからざる人物」と心の底から舌をまいている。拒絶反応ゼロというところが孔子の偉さであろう。

このやりとりから判断すると、若き日の孔子は才気煥発で、かなり癖のあった人物と思われる。それが修養を積み重ねるにしたがって、あの『論語』にみられる人生の達人に成長していったのである。

河井継之助と山頭火

カントとフィヒテ、老子と孔子とは見事に歯車が噛みあって、すばらしい師弟関係となったが、両方ともすぐれた人物でありながら、どうにも縁が結ばれぬ場合もある。

幕末という「たぎった時代」に輩出した「たぎった人物」、佐久間象山と河井継之助との邂逅がそれであった。

佐久間象山は『言志四録』で名高い佐藤一斎から朱子学を学んだうえに洋学にも通じ、勝海舟や吉田松陰、坂本龍馬などに兵学や砲術を教えた偉材だし、河井継之助もまた、越後長岡藩のわずかな手勢で、官軍五万をさんざん悩ました豪傑である。

その河井継之助が、たまたま、佐久間象山から洋式銃の操作を教えてもらうことになり、庭に出て銃をとろうとすると、佐久間がその手を押しとどめていった。

「残念ながら、足下には、まだ資格がない。まず、蘭学を学び、ついで、機能を窮理し、しかる後に銃を撃て」

継之助は、象山が不世出の天才であり、かつ学者として、これほど巨《おお》きな存在はないと思ってはいたが、しかし、この尊大さが、どうにも鼻もちならなかった。

象山は自分を尊大に演じようとするあまり、たかが洋式鉄砲一つ撃つのに、まず、蘭語を学べ、機能を窮理しろ、それくらい学問を積まなければ、これを撃ってはならぬ、というのである。

「そういうへりくつをこねるヘソの曲りぐあいが気に入らぬ」とハラをたてた継之助は象山から離れてしまった。そして、象山と同じ佐藤一斎の門弟だった山田方谷《ほうこく》を師と仰いだ。

もう一つ、これほど激しくはないが、縁を痛切に考えさせられたのは俳人の種田山頭火である。

山頭火が出家したのは、大正十四年三月、四十四歳だった。得度《とくど》の師は熊本報恩寺の望月義庵である。

そのころ、熊本には一代の傑僧、沢木興道がおり、山頭火も訪れてはいるが、弟子にはならなかった。

沢木興道は、自分自身がどうしようもない性格や環境にありながら、すさまじい意志力で、これを克服していった禅僧である。それだけに楔型《くさびがた》、直進型の行動人で、知識人やエリートの弟子が圧倒的に多かった。できそこないやコンマ以下の人間ではついていけなかったのであろう。もちろん、ぐうたらの山頭火など這《は》い入る余地もない。

とうとう人生に絶望し、自分自身に愛想をつかした山頭火は、ついに泥酔し、直進してくる市電に大手をひろげて立ちはだかり、そのままとび込んだ。

市電が急停車し、将棋倒しになった乗客から袋だたきになろうとしたのを、友人が何とかとりつくろってひきずりだし、報恩寺へ連れてきてくれた。

義庵和尚は、そういう山頭火に理由も問わず、名も聞かず、咎めもせずに泊めてくれ、食を給してくれた。その絶対受動性そのものの温かさに、激しく打ちのめされた山頭火は間もなく、すべてを捨てきって報恩寺に入り掃除、坐禅、看経に明け暮れるようになった。

　分け入っても分け入っても青い山

　遠く遠く鳥わたる山々の雪

　遠山の雪も別れてしまった人も

われわれが千万言ついやしても表現できない想いをさらりと十七文字の短詩型のなかに歌ってのける山頭火の句は、こういう屈折を経た心の襞《ひだ》から滲みでたものである。

木川田一隆と一冊の本

人と人との邂逅が不思議なように、人と本との出会いも不思議なものがある。

財界の中心人物の一人だった東電前会長の木川田一隆は、旧制山形高校時代、河合栄治郎の処女作『労働問題研究』に激しく魅せられ、何度も何度も手垢がついてボロボロになるまで読みかえした。著者である河合の社会問題に対する情熱と使命感とに若い木川田の魂はおののいた。

木川田が東大へ入ると、その翌年、あたかも符節を合したように河合がイギリス留学から帰り、「理想主義的自由主義」をひっさげて華々しくデビューした。

木川田は、かねて私淑していた師に少しでも近づこうと、教室では常に最前列に席を占め、講義を克明にノートするとともに、学びとった論理を実践するために、セツルメント運動に首をつっ込んだり、最も進歩的な学生グループの新人会にまで顔を出して、社会政策、農業政策、教育政策など、政策論の基礎を固めていった。

生前、木川田はよく大学時代を回想して「河合先生の思想は、全人格的にすばらしい迫力をもって私に訴えたものだ。心の師父を得た私はまことに幸せであった」といっていたが、たしかにこの河合栄治郎とのめぐりあいは木川田の一生を決定するほど運命的なものであった。

打ち消し難きは他人のために全部犠牲となしえざる自己の存在である。たとえ、社会が進化しようとも、理想の社会に到達せざる限りにおいて、自己のためと社会のためとは渾《こん》然《ぜん》として一体たりえない。

全体の自己を包摂《ほうせつ》しうるほどに社会は完成していないからである。したがって、社会が完成し、同時に自己が完成せざる限りにおいて、他の為と自己の為とは全部の対立を消失するに到らない。

いかに熱心なる社会改革者もこの対立を意識するであろう。

階級闘争の当事者である労働者も、自己と階級との間に毫末《ごうまつ》も間隙がないとは感じまい。階級の解放運動をなすことは、ある場合に自己の境遇を改善することにはなるとしても、多くの場合に自己の利益を犠牲とせねばならない。

その時、彼は階級に吸収し尽くされざる自己を見出すであろう。

これは木川田論文ではない。河合栄治郎の『社会政策原理』の一節である。

誰しも、木川田の文体に酷似しているのに驚くだろう。

「ドイツの詩人たることはドイツの殉教者たることだ」と断言してはばからなかったゲーテも、自己のあまりにも鋭敏な感受性を嘆き、「敏感なる心は揺れる地上では悲惨な財産だ」と歌っているが、理想と現実とのギャップは死ぬまで木川田を翻弄し、傷つけ、苦しめた。時には厳しい現実に理想が押し流されたことも度々だった。

思想における優美な表情

もっとも、河合栄治郎の理想主義的自由主義という思想は、時代と人から、あらゆる攻撃の矢を受ける宿命的な立場にあった。常に大勢順応のオポチュニズムと誤解され、左翼のさかんな時には左翼から攻撃され、右翼が勢力をもりかえすと右翼から攻撃されてきた。そして、そういう風潮が去れば去ったで、順応派として攻撃されるという奇妙な立場にたたされた。

それは、こんな形で木川田の身辺に投影している。

「赤軍派が財界首脳を襲う」という情報が流れ、神経をとがらせた警視庁が植村甲午郎（前経団連会長）、永野重雄（日商会頭）、櫻田武（日経連会長）と木川田（前同友会代表幹事）にボディーガードをつけたことがある。

その時、木川田は「植村や永野、櫻田が左翼ラジカリストから狙われるのはわかるが、私の場合は、むしろ、右翼からやられるのではないか」と冗談口をたたいているが、今にして思うと、案外、本音だったかもしれない。

また、古典的自由主義に対してはかなり強い批判をもっていながら、といって社会主義に共鳴もしない微妙な立場をとり続けた。

「古典的な自由放任競争のもたらす無秩序は、今さらいうまでもないが、その欠陥をついて、バラ色の未来を約束しながら登場した計画経済体制は、今日、ソ連をはじめとする共産圏において、進歩の停滞と創造性の枯渇に悩み、利潤の導入や企業の自主性の拡大などを採用するのやむなきに至っている。これらの国々も、自由な人間本性の尊重というものが社会繁栄の最も質的基本条件であることを知るようになったわけだろう。これは人類にとって、まことに貴重な体験といわねばならない」

そういいながら木川田は「共産圏に対しては、私はまだ警戒的だ」とつけたすことも忘れなかった。全く、河合栄治郎そのものである。

しかし、「木川田は仙台藩士の家に生まれ、東北の素朴を河合栄治郎の理想主義的自由主義によって洗練しつつ、すんなりと成長してきた」と書いたら、それは嘘になる。日発解体をめぐる謀略戦、東電汚職事件による降格、奪権闘争による社長就任など、生ぐさい人間模様の中で火の粉を浴び、血をふきながら、一歩後退二歩前進をくり返しつつ、財界での地歩を固めてきたのであって、きれいごとだけですましていけるような世界ではなかった。

「人間形成の過程で、その人間が受けた価値剥奪や失意が大きければ大きいほど、権力への衝動が強い」とはラスウェルの指摘だが、木川田にも、この箴言はあてはまったし、それでいいのである。要は、その権力衝動から、どう蟬脱《せんだつ》し、一点澄みきったものをどう身につけるかということである。というのは、青年時代の客気とか、自負心とかは、一面からいけば、人生の行動力や推進力にもつながっているが、それは年とともに円熟し、達観していかなければならないものだからである。

かつて木川田は、私淑していたドイツの経済学者、ウィルヘルム・レプケの『ヒューマニズムの経済学』のむこうをはって『人間主義の経済社会』という題名の本を上梓した。

その時、筆者は「その説くところ、誰も文句のつけようもないほど、理路整然としているが、魂にバイブレーションを起し、心に何かを生ましめるものがない」と毒づいた。

ところが、その木川田は何時の間にか、「釣りといえばスズキは川の王者である。彫刻の大家、故朝倉文夫が利根の清流に屋形船をもやい、羽織、袴に威儀を正してスズキを釣ったという話は今なお語りぐさとなっているが、けだし、君侯に侍《じ》するの礼をもってスズキを遇せんとする釣師の心意気だったろうと思う。近頃は、こうした人間精神の奥ゆかしさは一つ一つ消え失せていくようになった」と香りのある文章を書き、時には、白楽天に思いを馳せ「興盡クレバ釣モマタ止メ　帰来ワガ盃ヲ飲ム……人間利害のあやなす世の中に超越して、悠々自適すべきであろうか」と「萬事無心一釣竿」の人生を渇望した。

権謀術数の政治家で「パリの虎」と恐れられたクレマンソーでさえも「政治のかけひきや醜さが鼻について嫌になった時、自分は一人書斎にこもって、ギリシャの古典に還る」と述懐しているが、木川田の心境と一致するものだろう。たしかに、そのころから、生硬で難解といわれた木川田の思想に優美な表情がではじめたのだが、ついにその境地を話しあえぬまま白玉楼中の人となってしまった。

堀口大学の楽しい宿酔

——其文字《そもじ》の
湯文字《ゆもじ》
文字《もじ》　文字《もじ》せずに
ゆるめてたもれ
——おは文字ながら
痴《と》く寄せませな

などと「源氏口説」のエロチシズムを高らかにうたいあげたかと思うと、

難儀なところに詩は尋ねたい
ぬきさしならぬ詩が作りたい
たとへば　梁も柱もないが
しかも揺がぬ一軒の家
行と行とが支《ささ》へになって
言葉と言葉とがこだまし合って
果てて果てない詩を作りたい
難儀なところに詩は求めたい

と、溌溂として厳しい詩をつくりつづけている堀口大学が「一冊の本との運命的邂逅」を、感動をもって歌っている。

その一冊の本　宿命の一冊の本
その本と君との出会い
その偶然の奇怪さを
考えたことがおありですか
僕の場合　その一冊は
一冊の雑誌でした
明治四十二年「スバル」八月号
店頭　立読みの偶然でした
僕は十八歳
この春　北越の中学を卒え
東京へ出てきたばかりの
一高志望の受験生
「スバル」というこの誌名が
星座の名だとさえ知らない少年でした

瀟洒な表紙に誘われて取りあげた
その巻頭が
あろうことか！　天か　魔か
「夏のおもひで」　吉井勇の短歌でした
〈夏の帯　いさごの上に　長々と
解きてかこちぬ　身をも細ると〉
〈君がため　瀟湘湖南の　乙女らは
われと遊ばず　なりにけるかな〉
〈伊豆も見ゆ　伊豆の火山《ほやま》も　まれに見ゆ
伊豆はも恋し　吾妹子《わぎもこ》のこと〉
このような短歌が　なんと一百首
ずらりと並んでいるではありませんか
どの一首も　これまでに一度も
見たことも　聞いたこともない
新しいしらべの短歌でした
爛熟しきった明星ロマンチシズムの
極致の作品百首でした

少年、僕が初めて知った詩歌の桃源境でした
陶酔の　恍惚の　耽美の別天地でした
死ぬまでに　せめて一首
こんな歌が作りたいなと思いました
僕の詩歌の一生を決定した
これがその瞬間でした
永久に変ることのない
執念の始りでした
あの時から六十年
今日まで宿酔《ふつかよい》は続いていています
楽しい詩歌の宿酔《ふつかよい》――

孔子と道元にみる教育の原理

孔子と遊侠の徒、子路

Any one who ever sat at the feet of a great teacher knows what education feels like.

「誰でも偉大なる師の膝元に坐ったことのある人間ならば、教育とはいったい、どんな感じのものかを知っているはずである」

――ミュステンベルヒ（元ハーバード大学心理学実験所長）

孔子の弟子の子路は、もともとは遊侠《ゆうきょう》の徒《と》であった。

遊侠の徒は勇ましいことが好きだ。

賢者の誉《ほまれ》高き孔子に腹を立て、「どうせ、インチキ学者に違いない。その面皮をひっぱがしてくれよう！」と、鶏や豚をひきつれて、デモをかけた。鶏鳴豚声で、孔子の講義をメチャクチャにするのが目的である。

けたたましい鳴声とともに肩をいからせてのり込んできた青年、子路を孔子は穏やかな微笑で迎える。

早速、問答がはじまった。

「汝、何をか好む?」と孔子がきくと、子路は昂然と「我、長剣を好む」といい放つ。あまりにも稚気満々たる誇示に孔子はニヤリと笑って、第二問を発する。

「学はすなわち如何⁉」(学問は好きか?)

「学、豈《あに》、益あらんや」と子路が喚《わめ》くと、孔子は諄々《じゅんじゅん》と学の必要を説く。

「人君にして諫臣《かんしん》なければ正を失い、士にして教友がなければ聴《ちょう》を失う。樹も縄《じょう》を受けてはじめて直《なお》くなるのではないか。馬にも策《むち》が、弓にも檠《けい》が必要なように、人にもその放恣な性情を矯《た》める教学が、どうして必要でなかろうぞ!」

これは孔子の教学精神の根本であった。それだけに後、子路がかなり成長してからも、孔子は再度「学問的鍛練を欠く人間が必ず陥る偏向が六つある」と訓戒している。

《仁を好みて学を好まざれば、その弊は愚》
学問によって鍛練されていない愛情は「盲目の愛」であり、「愚者の愛」である。たとえば、恋愛は理性以前のものだ。しかし、一歩でも理性的なものに近づけようとするところに恋の美しさがある。愛情には思慮を伴わねばならない。

《知を好みて学を好まざれば、その弊は蕩《とう》》

知識だけ身につけたのでは、単なる物知りにすぎない。本来、知識などはうすっぺらな大脳皮質の作用だけで得られる。学校へ行って講義をきくだけで、あるいは参考書を読むだけで身につけられる。しかしこれだけでは、人間の信念とか、行動力にはならない。もっと根本的なもの、もっと権威あるものが加わらぬと役には立たない。

それは何かというと見識である。

一つの問題について、いろいろな見方や解釈が出る。いわゆる知識である。しかし、問題を解決すべく「こうしよう」とか「かくあるべし」という判断は、人格、体験、あるいはそこから得た悟りなどが内容となって出てくる。すなわち見識である。ところが、見識だけでは未だしである。見識が高ければ高いほど、低俗な連中は理解できぬから反対する。この反対、妨害を断乎として排除し、実践する力を胆識《たんしき》という。いうなれば、決断力や実行力を伴った知識や見識が胆識である。学問は実にその胆識を養うところにある。

《信を好みて、学を好まざれば、その弊は賊》

学問を伴わぬ信義、それはヤクザの仁義だ。

《直を好みて、学を好まざれば、その弊は絞》

率直単純なのが好きで、いろいろな場面への適応のしかたを学ばないと「その弊は絞」、つまり、偏狭な正義感からくる自説を強制して、人に迷惑をかけることになる。また孔子は別のいいかたで「口にすべきでないのに軽々しく喋るのを躁《そう》（けたたましい）といい、いうべき時に黙っているのを隠《いん》。相手の気持など構わずにものをいうのを瞽《こ》（盲目）という」と戒めている。

《勇を好みて学を好まざれば、その弊は乱》

勇ましいことがやたらに好きで、学問の心得がないと、秩序を乱すという弊害が出てくる。孔子は子路の勇気を「暴虎馮河《ぼうこひょうが》」つまり、虎と素手で格闘し、大河を徒歩でわたるようなものだと評し、「事に臨んで懼《おそ》れ、謀を好んで成る」ことこそ真の勇気である、とさとした。

《剛を好みて、学を好まざれば、その弊は狂》

強気一点ばりで学問による反省や節度がないと、狂という弊害が出てくる。戦争中の軍の狂態を考えれば十分であろう。「昔、軍閥、今、総評」というところか。

学問をするか、しないかは、これほどの重大事だから、自ら弁舌にも熱がこもり、確信に満ちた迫力をもって子路を説得したに違いない。

不貞くされた子路の態度から、ようやく反抗の色が消え、謹聴する面持となった。

それでも、なお、孔子にくいさがった。

「南山の竹は揉《た》めずして自ら直《なお》く、切って之を用うれば、犀革《さいかく》のあつきをも通すという。さすれば天稟《てんぴん》の才ある人物は、何の学ぶ必要があろうか」

孔子にとって、こんな幼稚な譬喩《ひゆ》を論破するのは赤子の手をねじるよりやさしい。

「汝のいう南山の竹に矢の羽をつけ、鏃《やじり》をつけて、これを磨けば、単に犀革を通すのみではあるまい」

子路は全く言葉に窮し、顔をあからめ、口をもぐもぐさせていたが、やがて、頭をたれ、「謹んで教えを受けん」と降参した。

ただ、これは言葉のやりとりだけで参ったのではない。

鶏や豚と孔子の部屋へのり込み、孔子を一目見た時、自分とあまりにも隔絶した相手の大きさに圧倒されたのだ。時に孔子は、まだ四十に達せず、子路よりわずか九歳の年上にすぎなかった。

孔子ひとりのために泣く男

遊侠あがりの子路は、一筋に孔子を思いつめ、道に師の悪口をいう奴がいると、有無をいわせず、横っつらをはりとばし、しまいには子路の姿を遠くから見ただけで人々は口をつぐむようになった。

もちろん、孔子は、そういう子路にたびたび注意したが、いっこうに改まらず、一年たって、ついに孔子は苦笑しながらいった。

「子路の奴が、わしの門に入ってからというもの、わしの悪口が全然きこえなくなったわい」

また子路ほど遠慮なく師に反問した者もいない。

「請う。古の道を釈《す》てて、由《ゆう》（子路）の意を行わん。可ならんか」などと、叱られるにきまっていることをきいたり、あるいは、孔子の戦争ぎらいを十分承知していながら「もし先生が、遠征軍の総司令官になられたら、誰を参謀になさいますか」とたずね、「とにかく、君には頼まんよ」とたしなめられたのもこの弟子である。

子路に納得できぬことが一つあった。悪は一時的に栄えても、やがてはその酬《むくい》を受けるという。だが、昔から善人が究極の勝利など得た例がないではないか。

天なんて、いい加減のものだ。

この天に対する憤懣は、何よりも師の運命について痛切に感じていた。〈これほどの才徳兼備の君子が、何故、家庭的にも恵まれず、老いて放浪の旅に出なければならぬような不運な目にあわねばならぬのか〉と。

放浪の途中、思うにまかせぬことばかりが重なり、さすがの孔子が一夜、「鳳鳥《ほうちょう》至らず、河、圖《と》を出さず、已《や》んぬるかな」と呟いたのをきき、子路は思わず、涙をこぼした。

昔、聖天子とか、明王が世に出た時には、必ず瑞兆《ずいちょう》があったという。舜の時には鳳が来て舞ったし、周の文王の時には、やはり霊鳥が鳴いた。また伏羲《ふっき》の時には龍馬《りょうば》が圖（易のもととなったもの）を負うて黄河からでてきたのに、今日では何らその兆候もない。

これは聖天子のでない証拠であり、わが道を行うのも絶望というほかはない、と孔子は天下蒼生のために嘆じたのだが、子路が泣いたのは、天下のためではなくて、孔子ひとりのためであった。

こんなこともあった。

孔子が陳の国へ赴く途中、兵乱にあって食糧が欠之し、門人たちも病みつかれて、きわめて困難な状況に陥ったとき、子路がいった。

「道を行う君子でも困窮することがあるのですか。これじゃ、天道様の是非が疑われます」

日頃から鬱積していた天への不満を爆発させたのだ。

孔子は即座に答えた。

「窮するとは、道に窮するの謂《いい》にあらずや。今、丘《きゅう》（孔子のこと）仁義の道を抱き、乱世の愚に遭う。何ぞ、窮すとなさんや。もしそれ、食足らず、体瘁《つか》るるを以て窮すとなさば、君子、固《もと》より窮す。但《ただ》、小人は窮すれば、ここに濫《みだ》る」と。

小人は窮すると、自暴自棄に陥り、いい加減なことをやるが、君子は泰然自若として己を失わない。そこが違うだけだ、といいきったのである。

子路は思わず、顔をあからめた。

人間の卑小さを指摘されたような気がしたのだ。

窮するもまた命なることを知り、大難に臨んで少しもとり乱さない孔子に、身をもって勇のありかたを教えられたのだ。

しかし、孔子はこの子路がかわいくて仕様がなかった。

世の中のありさまに失望した孔子は「わしはいっそのこと筏《いかだ》にのって東の海に船出したい。その時、子路よ、お前はわしについてきてくれるだろうな」といっている。

『随聞記』の魅力

道元（鎌倉時代の禅僧、曹洞宗の開祖。永平寺を建立）の『正法眼蔵《しょうぼうげんぞう》』という、全九十五巻に及ぶ難しい本がある。

通産省出身の経営者で、石油資源開発社長の森誓夫が長年、手塩にかけて育ててきた共同石油を去るにあたり「後任をきめるために共石グループの社長会を招集して、その意見をまとめるのにすごく骨を折った。あたかも自分の首を落す塚穴を掘るような心境だった」と述懐している。

そんなつらい思いに耐えかねて、『正法眼蔵』を開いたら、「花は愛惜《あいじゃく》に散る」の一語にぶつかった。

仏法の奥儀を究めつくし、「花は咲き咲きて成就。葉は散り散りて成就」と悟りの境地を示した道元にして、花に涙をそそいだ日があったのか。ひどく、道元を身近に感ずるとともに、敗戦直後、マニラの牢獄で死と直面しながら詠んだ短歌を思い出した。

わが命　しばしと思《も》えば　真日に立つ
　カンナの紅さ　堪えがたきかも

そして、森は心の中で「花は愛惜に散る」という言葉をくり返し、とうとう困難な作業をのりきり、今では「『正法眼蔵』こそは人生最高の書である」といっている。

また、日本証券金融常任監査役の西嶋和夫は、難解きわまるこの本の現代語訳をライフワークとし、「私の訳は、学者が象牙の塔にこもって訳したのとは違い、座禅をしながらの作業だ、というひそかな自負がある。座禅こそが、この本の思想のベースになると、道元は教えているからだ」と矍鑠《かくしやく》として嘯《うそぶ》いている。

筆者も宗教界で魅力を感じ、人物論をものにしてみたいと思うのは、道元、日蓮、親鸞の三人である。特に道元にはのめり込むような興味をそそられるが、『正法眼蔵』という難物の壁があって、とても手が出ない。

半ばあきらめかけていたら『正法眼蔵随聞記《しようぼうげんぞうずいもんき》』にぶつかった。

『正法眼蔵』が、大学における教室のオーソドックスな講義とするならば、『随聞記』は、先生との雑談の間に教えられたことをまとめたものといえる。

もちろん、まともな講義も大事だが、雑談の中には、教室ではきくことのできない人間くさい人生の哲理がある。いや、むしろ、理路整然とした講義よりも、片言隻句《へんげんせっく》のほうに真実が含まれているのではないか。

『随聞記』をまとめたのは弟子の懐奘《えじょう》である。道元よりも二歳年上だが、その出会いがまたドラマチックだ。

懐奘は多武峰《とうのみね》の大日能仁《だいにちのうにん》に禅を学び、印可《いんか》をもらった。剣でいえば、免許皆伝である。ちょうど、そのころ、道元は中国から帰って、建仁寺にいた。碩学ぶりは天下にあまねく、当然、懐奘の耳にも入ってきた。

道元も若かったが、懐奘も若かった。

青年客気の懐奘は「自分は浄土の教えもきいた。天台の教えも知っている。禅はその奥儀を究めた。何でも、宋から帰った道元という坊主がえらく都で評判になっているが、何程のことやあらん。ひとつ、やっつけてやろう」と、建仁寺にのり込んで、論争をいどんだ。

勢いこんで、対坐してみれば、何のことはない、道元は二つも年下の青坊主だ。

懐奘は、ただちに鋭い問答をあびせかける。

ところが、てんで勝負にならない。いくら気張っても歯がたたぬのだ。

こてんぱんにやっつけられて、ついに兜をぬぎ、その日から道元の侍者にしてもらった。身のまわりの世話をする役である。

懐奘とても一派をなした学僧である。それがよくも思いきった転身をやってのけたものだ。こういう潔い負けっぷりから、懐奘も相当な人物であったことがわかる。

一方、道元にとっては、何でも知っている二つ年上の侍者、しかも、目を皿のようにして自分を見つめている……となると、実に使いにくかったことだろう。

しかし、宋の留学を終えて帰る日、師の如浄《にょじょう》から「お前は日本へ帰ったら、大勢の人々を集めて説教するなんてことを決して考えてはいけない。一人、いや半人にその道を伝えよ。それで十分だ」といわれ、それを死ぬまで遵守した。

だから、越前の永平寺をひらくときも、連れていったのは懐奘ただ一人だった。

それだけに師の道元と弟子の懐奘の二人の会話は内容も深く、迫力も一入《ひとしお》だったことであろう。

懐奘が全身を耳にして、師の話にきき入った図が想像される。

裁断の重さ

「瀉瓶《しゃびょう》」という古語がある。

「瀉」は「そそぐ」と訓《よ》むから、瓶の中身をことごとくそそぎうつすことで、師が弟子に対して、その見解、その技法、その識見をあますところなく、うつし伝えてやることである。

そこには、教える者と教えられる者との魂が触れあって、閃光を発するような烈しさと深さとがある。
この「瀉瓶」ぶりを宗教学者の紀野一義は次のように解説している。

懐奘のような人が侍者になると、師匠の挙動を朝から晩まで見ているし、師匠の言葉は一言一句、全部覚えているから始末が悪い。だが、覚えていてくれたからこそ『随聞記』ができたのである。聞いたことを全部記憶していて整理したのである。わたしどもが今読んでも〈なるほど、道元禅師はこういうふうにいわれた〉と思うように、きちんと書いてある。師匠ととんとんか、ある面ではそれ以上の者がいると、こういう立派なものができあがるのである。後世に記録が残っていないお坊さまは懐奘のようなすぐれた弟子がいなかったということである。懐奘がいたからこそ道元の最もいいところが後世に伝わったのである。いい弟子をもつということは師匠にとってもしあわせなことである。

『随聞記』には、曖昧《あいまい》な表現は一つもない。常に断定である。
「主人いわく『霧の中を行けば、覚えざるに衣しめる』と。よき人に近づけば、覚えざるによき人となるなり」とか「君子の力、牛に勝《すぐ》れりといえども牛とあらそわず。われ法を知れり、かれに勝れたりと思うとも、論じて人を掠《かす》め難ずべからず。もし、真実に学道の人ありて法を問わば、法を惜しむべからず。ために開示すべし、しかあれども、三度《みたび》、問われて一度答うべし。多言閑語することなかれ」とか、どの章もピリッとわさびがきいていて、快刀乱麻を断つ鋭さである。

近ごろの学者が書くような「ああでもない」「こうも思われる」というような、要するにどうでもいいような文章とは違って、一言一句が肺腑を抉り、心魂に徹する。

さらに「……また、身を惜しまずして『百尺の竿頭に上りて、手足を放って一歩を進めよ』というときは、『命あってこそ仏道も学すべけれ』といいて、真実に知識に随順せざるなり。よくよく思量すべきなり」〈師から「百尺の竿頭に上って手を放せ」といわれたときに「命あってのものだねですよ。手を放したら落ちて死ぬじゃありませんか。死んだら、仏道も何もないでしょう」といって師のいうところに随わない。そういうところが仏法のわからないもとだ〉ときめつけている。

師はあやふやなことは一切いえない。弟子からきかれたら、「これはこうだ」と明確に裁断しなくてはならない。そのためには「決定《けつじょう》」が必要となってくる。仏法における原理原則を身につけ、一番最後のところで開き直ったものをもっていなくてはならないのだ。

それがないと、この道元のような発言は絶対にできないのである。

わが師　安岡正篤との出会い

『世界の旅』をめぐる恍惚と戦慄

私事にわたって恐縮だが、筆者と師との邂逅について書いてみたい。
師は安岡正篤。最初の出会いは『世界の旅』という「一冊の本」であった。
当時、筆者は旧満洲、建国大学の学生で、数えの十九歳だった。たまたま、日曜日の外出で、本屋へ立ち寄り、何気なく求めた本である。寮の自習室で、それを開いたときの驚愕と喜びは大きかった。

驚愕というのは、あのナチス全盛時代に堂々とヒトラーやムッソリーニを批判していることだった。何しろ、学内にまで憲兵が入ってきた時代だけに、禁断の木の実を齧《かじ》ったような恍惚と戦慄をいまだに思い出す。

たとえば、こんな箇所である。

ヒトラーは元首の地位を神聖化せんがために苦心惨憺《くしんさんたん》している。

全国いたるところ、相慶する時はもちろん、会った時も、別れる時も、何をしても「ハイル・ヒトラー」と称すること。たまたま、宿に泊って支払いをする時、ボーイが勘定書をだした途端に「ハイル・ヒトラー」とやったのには苦笑した。

欧州の世間話では、ムッソリーニほど沢山の写真があるのは他に例がない。ヒトラーがこれに次ぐ。ムッソリーニの肖像画、素描、半身像などの類の多いことは、かつてこの世に生きた何人をも凌駕しているという。

ムッソリーニは、雄弁と同時に人に印象させる姿態についても、よほど意を用いたものらしい。

村童時代、部屋をしめきってやる独演説のものすごい声に母親が肝を潰《つぶ》したということや、ローザンヌ会議の折、エレベーター前の廊下の鏡に向かって、しきりにいろんな顔や身ぶりをしているのを外交官たちが偶然、発見した話など、いかにもムッソリーニらしい。

悪くいえば、芝居気が多く、この点、ヒトラーも同様で、そこへいくと、トルコのケマル・パシャが一番、真実で英雄らしいというのが識者の定評である。

ヒトラーが久しく提唱してきた「一民族、一国家、一総統」主義は彼自らの手によって破棄され、チェック民族を併合した。

彼はチェック民族とゲルマン民族との不可分の関係を論じているが、それは弁解であって、彼が従来の主義を破ったことは、何としても否めない。このため、周辺の小国は俄然、色めきたち、英仏は極度に緊張し、欧州大乱は決定的となった。

これは、ヒトラーとして止むに止まれぬ方策だったろうが、他にかわるべき策がなかったであろうか。

私は、ヒトラーのこの挙は驚嘆すべきものではあるが、彼のために上策ではなかったと思う。

▦

ムッソリーニもヒトラーとともに父親と合わなかったのは気の毒なことである。

精神分析学の大家、ウィルヘルム・ステケルは「ムッソリーニの権勢欲と歴史的人物たらんとする熱望は、父に対する愛と憎しみとの双極的性癖からでている」と説いている。

母は心配して、宗教学校に入れたが、喧嘩ばかりしていて、「お前の魂は地獄のようにまっ黒だ。懺悔せよ、でないと追放する」と始終、教師から詰責《きっせき》された。

後年、彼は「俺の生涯で、誰か、俺にやさしくしてくれたものがあったろうか。誰もいない。家は目もあてられず貧しく、俺の生活は惨苦だった。どこで俺はやさしさを覚えたか。学校でも、世の中でも覚えはしなかった。俺がむっつりして淋しく、きつくて烈しいのは当然だ」と人に述懐したそうである。

微風が戯れるような一節

こういう厳しい時局批判や人物評の奔流の合間、合間にそれこそ微風が竪琴《たてごと》に戯れるような一節がひょいとでてくる。たとえば――

昔からスイスは文人や亡命客が集まる処だが、いかにも魂を療《いや》すにはよい処である。

ゼネーヴァにはルソーが生れ、カルヴィンやファーレルやヴォルテールも住んでいた。また、ローザンヌにはヴォルテールもディッケンズも滞在したし、ギボンはその名著『ローマ帝国衰亡史』の一部をここで書いた。

そういう追想は限りないが、私には、どうもアミエルが一番、スイス的に偲ばれる。私は毎夜、就寝前に携えていた『アミエルの日記』を所かまわず散見して、清く、やすらかな眠りについた。

いわく「人生の重要な問題になると、われわれは孤独である。そして、われわれの真の歴史は、ほとんど他人には解釈できるものではない。戯曲の重要な部分は独白である。というよりも、神とわれわれの良心とわれわれ自身との親しい討議である」

いわく「何が、人の特性を最もよく表すかというと、愚かものに対して執る態度が一番である」

いわく「怨《うらみ》は外にあらわれることを怖れる怒である。それは自己の無力を意識している無力の怒である」

というような肝に銘ずる言葉が、いつまでも後に残るのである。

ホーソーンの妻は実に好ましい婦人で、清貧の生活を上手にきりまわした。

ホーソーンはセレームの税関検査官を三年やっていたが、官制改革の都合か何かで浪人することになった。家に帰って、そのことを話すと、貧之には懲《こ》りているはずの妻のソフィアが、どんなに困った顔をするか、と思うと、途端に彼女は「まあ、それじゃ、また本が書けますネ」と嬉しそうに答えた。

ホーソーンが「そりゃそうだが、本を書いている間の暮らしがネ……」というと、「それはちゃんとこういう風に」とヘソクリの貯金をみせた。

悪妻鈍妻に悩む男にとっては涙のでるような話である。ホーソーンは、その日から有名な小説『緋文字』〈The Scarlet Letter〉を書き始めた。アメリカのピューリタニズムとその内面をしみじみ味わうには、難しい論説よりホーソーンの『緋文字』を読むがいい。

エマーソン（アメリカの詩人、思想家）は心ある人々に、いつも生涯二つのことを守るように勧めた。

一、独坐すること——住居を決める時、たとい、着物は売り払って、毛布にくるまっていようとも、注意して自分の部屋だけは決めておくこと。

二、日記をつけること——心の真理の来降する時は、鄭重に迎えて、これを記録しておくこと。

抗争と愛着の書こそホンモノ

『世界の旅』をくり返し、くり返し読んだ。

「その生涯において、何度も読み返し得る一冊の本を持つ人は幸せな人である。さらに数冊を持ち得る人は至福の人である」といったモンテルラン（フランスの作家）や「それ、天地の真理は見えざるなり。この不書の経文を見るには、肉眼をもって一度見渡し、しかる後、肉眼を閉じ、心眼を開きてよく見るべし。いかなる微細なる理も見えざることなし。肉眼の見るところ限りあり。心眼の見るところ限りなければなり」と名言をのこした二宮尊徳を新鮮な喜びとともに味わったのもこのころだった。

ところが、反復熟読しているうちに妙な現象が起った。前に読んだ時には、ひどく心打たれ、のめり込むほどの魅力を感じた章句に、今度は、むかっ腹がたってきたのである。

「老は『年とる』『老いる』ことに相違ないが、それよりも大切な意味は『なれる』『練れる』ことである。老酒《らおちゆう》といえば、呑めばピリッとして、すぐ酔いが出るというような酒ではなく、舌にとろりと油のように熟れた味があって、呑むほどに陶然と快くなり、盃を置けば、ほのぼのと醒めるような酒のことである。老大人というのも、昂奮しやすく、しょげやすいというようなものでなく、世故に長《た》けて、容易に喜怒も色に表れず、疾言遽色《しつげんきゆしよく》せぬ成人を意味する」とあれば、何を！　と思い「若いうちから、老成ぶっているのは鼻もちならん。俺は灘の生一本だ」と反発した。

また「エマーソンが英国に遊んで、ワーズワースを訪ね、談たまたまゲーテに及んだ時、ワーズワースはゲーテを罵倒し『あらゆる種類の姦淫私通に充ち、まるで、多くの蠅がその辺を飛ぶようで、どうしても第一編以上は進んで読むに堪えぬ』という一節にぶつかると、「やは肌の　あつき血潮に　触れも見で　さみしからずや　道を説く君……恋は一切の打算を排した盲目の恋にこそ命がある。毒の香《こう》　君に焚《た》かせて　もろともに　死なばや香の　かなしき夕べと歌った牧水の境地は永遠に理解できぬだろう」と嘯《うそぶ》き、あげくのはては、むかっ腹をたてて、『世界の旅』を床にたたきつけた。

現在、自分自身が単行本の数冊も出す立場となり、出来不出来はあっても、それなりに心血を注いだ本を、こんな風に扱われたら、それこそむかっ腹がたって、読者の横っつらの一つも張りとばしてやりたくなるが、そういう師に対する非礼を敢てやってのけた。

それは「人生二十年」と教え込まれ、二、三年後には、確実に戦場の露と消えねばならぬ運命を担わされていただけに精神的に鬱屈しており、セルフ・コントロールのきかない状況にあったからだ。

しかし、こういう読み方もあっていいのではないかと思っていた矢先、既に亡いが中国文学者の高橋和巳の一文にぶつかり、〈わが意を得たり〉と膝をたたいた。

強い反撥を覚えながら、反撥させるものが、同時に魅力となって、いつしか生涯の伴侶となるという関係が、生き身の人間関係だけではなく、人と書物との間にもあり得る。いや、むしろ、反撥させ、苛立たせ、叱責し、睨みすえるような迫力をもたない書物は、ひとときそれに溺れることはあっても、年輪のふくらみとともに意外に無縁のものとなってしまっていることが少なくない。書物との関係も一方的なものではなく、やはり、相互的なものであり、また、何らかの対立や抗争が、愛着と同時にあるほうが自然である。

「行為する者」と「行為せざる者」

「人間は誰でも、自分の過去に、それを打ちあけるよりはむしろ死を選びたいような事柄を少なくとも一つや二つはもっているものだ」とプルタークはいっているが、師と筆者との結びつきは、この厳しい箴言から入っていかねばならない。

敗戦となって、建国大学は閉鎖され、筆者も日本へ引き揚げた。『世界の旅』に対する「対立と抗争と愛着と畏敬」を胸中にもち越したままにである。

帰国後は幸か不幸か、経済ジャーナリストがスタートだった。「幸か不幸か」と書いたのは次の理由からだ。

「行為する者にとって、行為せざる者は、最も苛酷な批判者である」という箴言がある。具体的にいえば、世のいわゆる経営者たちは「行為する者」であり、ジャーナリストは「行為せざる者」である。この「行為せざるジャーナリスト」が「行為する経営者」をとらまえて、批判のための批判としか思われぬような原稿を書いて得々としている。

ところが、こういう「行為せざる者」がマスコミの足を洗って一般企業へ入り、「行為する者」の立場になると、いっぺんに馬脚をあらわしてしまう。

実際の話が、ジャーナリストから一般企業へ入って、大経営者になった例は一つもない。せいぜいが団体屋くらいでお茶を濁している。

当然、筆者も、このジャーナリスト気質に簡単に染まった。そして、「辛辣な批評だ」などといわれると内心得意になり、さらに今度は無理にも辛辣ぶろうとして、ことさらにどぎつい表現をつかった。つまり大向うを狙ってのスタンドプレーなのだが、そういう文章は、一時、話題にのぼっても、暫く時間がたつと、いつの間にやら色褪せてしまうことに、随分長い間、気がつかなかった。

そういう生意気な時代だったから、安岡正篤に私淑しながらも、だんだん安岡批判が昂じてきて、こともあろうに、ある雑誌に思いあがった雑文を書きなぐった。

文明評論家の斎藤貢が、その主宰する『同行《どうぎょう》』誌に「陽明学者である安岡は、知行合一を説きながら、二・二六事件や五・一五事件では一人埒外にあって、蛮勇を揮えなかった」と書いた。

これに対して、安岡は丁重な手紙を斎藤のもとへ寄せた。

安岡にとっては寝耳に水の批判だったに違いない。しかし、謙虚に耳を傾けたところはさすがである。毛沢東は「革命的論理なくして、革命的実践はあり得ない」といったが、論理と実践の一致は陽明学の専売特許ではない。

しかし、逆説的にいえば、格言や言行録で、これがやかましく説かれるのは、それだけ、「理論と実践の一致」が、難しいからに違いない。その意味では、英国の著名な哲学者、バートランド・ラッセルの言動は知行合一の厳しさを教えられる点で参考になる。

バートランド・ラッセルは、その時代の政治的問題に嘴《くちばし》を入れるのはもちろん、体の動きを必要とする「運動」にも積極的に参加した。それも国内的ばかりでなく、国際的な活動を続けてきたので、九十歳の高齢で、トラファルガー・スクェヤの核実験反対デモに夫婦で加わって拘留されたりした。イギリスの学者は哲学者でも、経済学者でも、頭の中だけの仕事に文字通り没頭するようなことはしないで、ラッセルのように、老人になっても、デモに加わったりするほどの行動をもっているのだ。

雑誌が出て二週間ほどしたら、さる友人から

「安岡先生が会いたい、といっておられるが……」

と連絡してきた。

まさか、支離滅裂のやっつけ原稿が、天下の碩学の眼にとまろうとは夢想だにしなかった。

それだけに愕然とし、周章狼狽した。

だが、その半面〈安岡正篤、何するものぞ！　会ったら一刀両断だ〉と、ヘンなピントはずれの気負いをもったことも事実である。

明治人のバックボーン

料亭の一室で師と対坐したとき、まず、人間の位がてんで違うことをいやというほど、思い知らされた。

本来なら、インタビューもしないで、いきなり悪口を書いた許せぬ奴だ、油の一つもしぼってやろう、と思うのが人情である。にもかかわらず、師は闇うちの張本人を前にして「雑文」の「ざ」の字すら、おくびにもださぬ。いや、全くの無関心だ。それどころか、

「酒、知己ニ逢ヘバ、千鍾《せんしょう》モ少シ。話、機ニ投ゼザレバ、半句モ多シ。と明末の戯曲『琵琶記』に出てきます。会心の友にあって、盃を傾ける時には、何ぼでも入っていくが、次元の違う奴と酒席を同じくしたときには、うんざりして半句しゃべるのもいやになるという意味です。酒をのむ時の実感ですネ」

とか、

「『地蔵本願経』に『多逢聖因《たほうしょういん》』とあります。いい人に交わっていると、いつの間にかいい結果に恵まれるという意味で、わたしは『法苑珠林《ほうおんじゅりん》』（古代仏教の論説集）の『縁尋機妙』、いい縁がさらにいい縁を尋ねて、その発展のしかたが実に機妙である……とよく対句にして書きます。

結局、人生はすべて縁にはじまります。だから、縁を大事にすることが人生を大事にすることです」

などと、心にしみ通るような会話からはじまった。

安岡正篤は陽明学者である。

かつて読売新聞が「現内閣は一青年学徒、安岡正篤によって動かされている。その安岡は金《きん》雞学院《けいがくいん》において、有名無名の人々に黙々、陽明学を講じている」と報じたほどの碩学である。

ただ、いわゆる陽明学者と違うところは、英語とドイツ語は原典で読みこなし、東洋と同じくらいに西欧にも通じていることだ。

もっとも、これは明治の人間の共通したバックボーンでもある。明治の文学者、思想家は例外なく四書五経《ししょごきょう》によって鍛えられ、儒教による精神のデッサンをしている。だから、文章ひとつとってみても、昭和のヘナチョコ作家や評論家の、いかにも、もってまわった言いかたばかりするくせに内容の空疎な、軟弱でふやけた文章と違って、簡明直截、力強い鋼鉄《はがね》の如き文章である。同時に、多少の語学がやれるからといって、それを鼻にかけている翻訳的外国文学者よりも、はるかに徹底して外国を究めているのだ。

卑近な例では、明治における東洋美術の発見者であった岡倉天心は、『東洋の理想』『茶の本』などを英文で書いたし、文豪、森鷗外はドイツ語の達人だった。

儒教のストイシズムによって養われた明治の精神能力は、和漢洋、三つの学問の奥義《おうぎ》を究めて、いささかの懈怠《けたい》も示していないのだ。

その明治の青春を、涼やかな風韻《ふういん》のある声で安岡正篤が語るとき、酔語《すいご》は巧まずして詞華《しか》を織りなし、微妙な陶酔のなかに聞く一言一句は相対する者の胸に深く刻印される。

「邂逅こそは人生の重大事だ」と前に書いたが、思えば、この日の邂逅こそは筆者の人生にとって、まさに決定的瞬間だった。

小杉放庵の心情

相当以上にヘソ曲りで鼻っ柱の強い筆者も、飄々として明るく、悠々として大きい師の風格に接して、完全に参ってしまった。

宴が終ってから、師にひきあわせてくれた友人に「友と話し合うことの本当の現実は話し合っているときにあるのではなくて、別れてから、さて、考えなければならない何が心に残り、刻まれたか、というそのことのなかにある」とドストエフスキーの言葉を紹介したら「お返しに」といって、友人は小杉放庵《こすぎほうあん》の話を聞かせてくれた。

「小杉放庵（初期の油絵に東洋風な味をだした春陽会の長老）が、その師、五百城文哉《いおきぶんさい》のもとで修業中の頃、酒におぼれて遊び呆《ほう》け、師匠にたしなめられても素行を改めぬばかりか、一段と輪をかけてさからい、わざと『未醒《みせい》』と号して反抗したあげく、破門されてしまった。

『未醒』は〈待ってました〉とばかりに師を見捨てて上京し、何とか、師の鼻をあかすほどの絵かきになってやろうと頑張ったが、半年もたたぬうちにペシャンコになってしまった。そして、行く先とてもないので、恐る恐る師匠の門先にもどってきた。『恩知らず』『バカヤロー』の罵詈雑言《ばりぞうごん》は覚悟の上だった。ところが、文哉先生、黙って不肖の弟子を迎えると、自ら台所にたって自慢の生《き》そばを打った。放庵と二人ですするためにである。

この師匠の姿をみて、ぐっと熱いものがこみあげてきた放庵は、やにわに庭にとびだして、箒を握り、歯をくいしばりながら涙をこらえたという」

「ちょうど、心情において、お前は放庵そっくりだ」と、友人はいいたかったのであろう。

人生の修羅場に直面した時

一寸先は闇

師の一言が身にしみてわかるのは、自分自身がギリギリの場に立たされ、必死の思いで人生を求める時である。

日本信販会長の山田光成が長男、洋二の結婚披露をホテルオークラで賑々しくやった時、魂の師である梶浦逸外（禅宗妙心寺派管長）も主賓として、祝詞を述べた。

「寸善尺魔《すんぜんしゃくま》のたとえがございます。人生は一寸先が闇だという意味であります。ただいま、こうして華々しい結婚式を挙げられ、さだめし、新郎新婦は幸福に酔い痴れておられることでしょう。だが、その夢は瞬時にして醒め、何時、茨《いばら》の道が展開するかもしれません。長い人生が、単調で安らかで、牧場の牝牛のような、のんびりした平和が続くなどということは絶対にあり得ません。曇る日もあれば、晴れる日もある。雨もあれば風もある。しかし、その厳しい風雪を克服することによって、人生が一入《ひとしお》深い味わいをもってくるのです。要は、その障害をいかにぶちゃぶるかということですが、壁にぶつかった時、不思議に力のわきだしてくるおまじないを、この坊主が教えて進ぜましょう。それは『窮スレバ即チ変ジ、変ズレバ即チ通ズ』という『易経』の文句であります。窮して、窮して、窮して、窮乏のドン底にまで落ちると、必ず、何処かに変化を生じます。そして、その変化が起きた時には既に通ずる道ができているのです。このことを新郎新婦は特に肝に銘じておかれますよう……」

おめでたい席には、必ずしも相応《ふさわ》しくない挨拶だったが、しかし一言一句が出席者たちの腹にズンとこたえたのだろう。会場は一瞬、水を打ったように静かになった。

ところが、老師はそれを知っていて予言したのではないかと思われるほどの的確さで翌日、大事件が勃発した。

日本信販の傍系で山田光成が社長を兼務しているジェット・エア・サービスの斡旋したトルコ航空機が墜落して日本人乗客四十名（大部分が新入社員の海外研修生）が死亡、運命は結婚式の華やかな「明」からいきなり、悲惨な「暗」へと突入した。

しかも、トルコ航空のエージェントが日本になっていたため、子を失った親の悲しみや憤りは、すべて、ジェット・エア・サービスへ向けられた。

トルコ大使館など、当然、その処置を講じてしかるべきなのに、被災者に対してはけんもほろろの冷たい態度だった。それだけに一層の憤懣が、すべて山田光成に集中された。しかし、考えてみると、これはきわめて筋の通らぬ話だった。

いうなれば、プレイガイド屋が不特定多数の人に切符を売り、その不特定多数の人が歌舞伎座か何処かで観劇しているうちに、天井が落ちて亡くなったようなものである。この場合、抗議は歌舞伎座にされるべき筋なのに、切符を売ったプレイガイド屋にそれをぶつけてくるという不合理がそこにある。

だが、いかなる罵詈雑言《ばりぞうごん》もいかなる無理難題も、子供を墜落事故で喪った親たちの前では、黙って受ける以外に手はなかった。

山田は、一切弁解せず、黙々と後始末をやり、それをし終ったとき、ポツリとこういった。

「やはり、前世から、背負ってきた運命みたいなものでしょう。わたしは、この人たちに前世でお世話になった分を今、お返ししているのだと考えました。たしか、脱俗の僧、良寛が、七十四歳で示寂する三年前、越後三条に大地震が起き、家を潰された与板の山田杜皐《とこう》に宛てた手紙だったと思いますが、こういうことを書いています。

『災難に逢ふ時節には災難に逢ふがよく候。死ぬる時節には死ぬるがよく候。是はこれ災難をのがるる妙法にて候』いかにも禅僧らしい鋭い感想です。これと逸外老師の『窮スレバ即チ変ジ、変ズレバ即チ通ズ』が一緒になって、わたしの心を支えてくれました。そして、倅夫婦にとっては、こういう難事件にぶつかり、それを父がどう処理したか、ということが、何よりの引出物になったと思います」

隻脚会長、新井正明との一問一答

住友生命は二流のボロ生保だった。その弱小部隊をひきずって日生、第一を凌駕する大保険会社に育て上げたのは会長の新井正明である。

新井は片脚しかない。ノモンハン事件の死闘で、ソ連の砲弾にぶっとばされたのだ。以下は、その新井との「人間対談」である。

――二十六歳で片脚をふっとばされたといわれましたが、そういう人生のスタート時に悲惨な目にあって、夢も希望もなくなってしまったのじゃないですか。

新井 悩まなかったといったら嘘でしょう。

――その苦悩の淵からひきあげてくれたのは一人の親友の母と一人の師だったとうかがっていますが……。

新井 ええ、そうです。親友の母というのは、弁護士をやっている堀切真一郎のお母さんです。堀切は政友会の代議士で大蔵次官やイタリア大使なんかを歴任された堀切善兵衛さんの息子で、中学時代に小児麻痺にやられ、ダットサンで一高へ通っていました。しかし、そのころの私は、堀切が足が悪いからダットサンで学校へ来ているとは全然知らなかった。家がいいからだと思っていたので、「オイ、乗せてくれよ」といって、アチコチつれていってもらった。今から考えると、思いやりのないことをしたと悔やまれますが、それくらい堀切は朗らかで、少しも相手に暗い感じを与えなかった。

――それだけでも、相当な人物です。

新井　その堀切が学友の丸山真男（東大名誉教授、『日本政治思想史研究』は有名）の肩につかまりながら、明朗濶達に見舞ってくれたのです。同じような境遇ですから、一層、〈堀切の奴は偉いなあ〉と感心していた矢先、堀切のお母さんが大輪の薔薇を沢山もって見舞にきて下さった。

――お母さんまでが来られるというのは、なかなかですネ。

新井　そのお母さんが「うちの真一郎は、わりかし小さい時から脚が悪かったので、傍で心配するほど、本人は何とも思っていませんが、新井さんは急に脚をなくされたんですから、さぞかし大変でしょうネ」と慰めて下さった。わたしは、堀切の真似をして、強いて快活に「お母さん、ものは考えようです。真一郎君は小さくて脚が悪かったために運動会へも出られなかったし、海へも山へも行けなかったでしょう。それにくらべれば、わたしはたいていのことはやってきていますから、真一郎君よりは、はるかに幸せですよ」といいながら、ハッと閃いたものがあったのです。それは「暗いところばかり見つめている人間は暗い運命を招きよせることになるし、いつも明るく、明るくと考えている人間は、おそらく運命からも愛されて、明るく幸せな人生を送ることができるだろう」ということです。

――人間は誰しも、明るいほうが好きで、暗く、陰惨なのは嫌いにきまっています。小林秀雄が「人は性格にあった事件にしかでくわさない」といい、芥川龍之介が「運命は性格のなかにある」と断定しているのも、そこのところですネ。

新井 もう一つ、生きた人生訓となったのは、もう亡くなられましたが、住友の常務理事をしておられた田中良雄さんです。そのころは、住友本社の人事部長をしておられました。わたしの直接の上司から、「あの方は、膝から下がないのだよ」と教えられて驚いた。そんな気配は露ほども感じさせないのですからネ。しかも、人事部長をやりながら『職業と人生』とか『人間形成』という立派な本まで書いておられる。

――そういわれれば、田中さんの詩を思い出しました。伝教大師の「照于一隅《しょううい ちぐう》」を散文詩にしたものです。

一隅を照らすもので　私はありたい
私のうけもつ一隅が　どんなにちいさい
みじめな　はかないものであっても
わるびれず　ひるまず
いつもほのかに　照らして行きたい

今、田中さんのお人柄を承って、なるほどと思います。

新井　しかし、決定的だったのは、わが師、安岡正篤先生の著書です。人間、心に悩みを抱く時には、誰しも心の支えになる言葉を必死に探しもとめます。わたしは先生の本を貪《むさぼ》り読みました。

――やむにやまれぬ気持で、本にぶつかってゆく。それが本当の読書でしょうね。

新井　あなたは軍隊の経験があるかどうかしらないが、軍隊でも、前線へ出たとき、死と対決を迫られたときには、皆、かたい本を読みます。われわれ学徒兵は、パスカルやモンテーニュや、中江兆民の『一年有半』などを読みました。わたしは安岡先生の著書を背嚢《はいのう》に入れていましたがネ。ところが、前線から帰って、生命の緊張感がなくなると、まともな本は全く読まない。(笑)

――そういうものでしょうネ。

新井　入院して、間もなく手にとったのは、先生の初期の著書で『続・経世瑣言《けいせいさげん》』でした。何度も何度も読んだ本ですが、そのときに限って、ゴツンと手応えがあったのです。それは、こういう一節でした。

老荘者流はしきりに「忘」の徳を説く。
是非《ぜひ》を忘れ、恩讐《おんしゅう》を忘れ、生老病死を忘れる。
これ、実に衆生《しゅうじょう》の救いである。
「どうにもならぬことは忘れることが幸福だ」とドイツの諺にもある。

忘却ハ黒イページデ、コノ上ニ記憶ハ輝ク文字ヲ記シ、ソシテ、読ミヤスクスル。モシ、悉ク光明デアッタラ、何ニモ読メハシナイ。

——カーライル

われわれの人生を輝く文字で記すためには、たしかに忘却の黒いページをつくるがよい。いかに忘れるか、何を忘れるかの修業は非常に好もしい。

「寵辱すべて忘却し、功名悉くすでに抛つ」などもよい。

——多分、この一節を読んだのは何十万人にものぼるでしょう。しかし、こういう深い読みかたをされたのは新井さん一人だけじゃないですか。

新井　いやいや……。

——いまのお話から二つの箴言《しんげん》を思い出しました。一つはモンテルラン（フランスの作家。代表作は小説『闘牛士』、戯曲『サンチャゴの傑士』）の「その生涯において、何度も読み返し得る一冊の本を持つ人は幸せな人である。さらに、その数冊を持ち得る人は至福の人である」。もう一つは山本周五郎の「人生は無数の教訓に満ちている。しかし、どの教訓をとってみても、万人にあてはまるという教訓はない……」

新井　たった一つの言葉や短い文章に、それを悟ったり、書いたりした人の人格や思想のすべてが表現しつくされているのが箴言であり、語録なんですから、それを読む側の人生経験、流した涙の量、問題意識をもっているかどうかによって受けとりかたがかわってきます。

——そのところは、文明評論家の扇谷正造さんが実にうまく説明しています。

「蚕だけが絹を吐く」……この地球上に何千何万という昆虫がいる。それらは皆、木の葉や草や茎を食べて生きている。そして、ほとんどが食べたものを黒いあるいは青い糞《ふん》として排泄している。ただ、蚕だけは、食べたものの一部は体外へ排出するにしても、そのうちの一部は美しい白い絹糸として口から吐き出す。

新井 たしかに、わたしはこの先生の言葉で、目から鱗が落ちた感じでした。悟りだったかもしれませんネ。

―― それにしても偉いものです。僕だったら、泣いて泣いて、泣き喚いて、最後に泣き喚きつかれてあきらめる、というところでしょうネ。

新井 案外、直面してみると、そうでもないかもしれません。パッと悟るんじゃないですか。（笑）

―― 三井銀行会長の小山五郎さんネ、あの小山さんの師は二科の曾宮一念さんです。絵の師なんですが、その曾宮先生について小山さんのいった言葉が忘れられないのです。「曾宮先生は既に一眼を失明、もう一つの視力も極めてかすかな状態で『もう盲目同然です』といわれる。これが実に淡々としているんだネ。僕など、自分が光を失った場合を想像するだけで身の毛がよだちますよ。まして、画家にとって、眼は致命的な問題です。それを先生は随筆で、右眼摘出を克明に描写し、『泥鰌《どじょう》のわた』としゃれのめしておられるんです。痛ましい事実を語りながら、読む者に少しも陰惨な感じを与えないのは、一体、どうした心構えからくる雰囲気でしょうか」

新井　そりゃ、買いかぶりですよ。新井さんにお会いするたびに、いつも小山さんと同じ気持になります。

「任怨分謗」と「六中観」

新日鉄副社長、武田豊の師も安岡正篤である。

「世紀の大合併」といわれる富士、八幡の合併を二年がかりで仕上げたが、その紆余曲折と波瀾万丈のただ中にあって、武田が必死の思いで守り通したのは、師から教えられた二つの言葉だった。

第一の言葉は「任怨分謗《にんえんぶんぼう》」の四文字だった。

「任怨」とは、何か思いきった新しい仕事をやる時には、きまって誰かの怨を買う。だが、そうした怨をいちいち気にしていたんでは、とても、新規事業はやりとげられない。

「任怨」とは「敢て、その怨を受けよ。中傷の火の粉を恐れるな！」という教えである。

また、「分謗」は、怨に任じて敵の攻撃を一身でささえている人間を周囲の連中が放ったらかして逃げてはいけない。いったん、志をともにした以上は、「分謗」つまり一心同体となって、その怨を分けて受ける気概がなくてはならない、ということである。

たしかに、この「任怨分謗」の精神がないと、修羅場を切りぬけることは不可能であり、この精神がないためにたとい最初は些細でも、結束が乱れると、そこから事業が挫折してしまう。

第二の言葉は明末の碩学、湯臨川の一言だった。

以テ死スベクシテ而《しこう》シテ生キ、以テ生クベクシテ而シテ死ス。此レヲ之《これ》、有情ト謂《い》ウ。

「有情」とは「ロマン」「詩心《うたごころ》」である。

『スペインの遺書』で有名なケストラーも「しばしば、勇気の試練は死ぬことではなく、生きることだ。そして、時到らば死ぬがいい。死をことあげしたところで何になる」といっているが、命のトコトンのところで、自分の姿を見凝《みつ》めるような機会には、そのトコトンのところで最後の取引をしてみることを要求されているのだ。

自らを痛めつけ、死期を早めた坂口安吾でさえも「愛情は常に死ぬためではなく、生きるために努力されねばならないこと。死を純粋とみるのは間違いであって、生きぬくことの複雑さや不純さ自体が純粋ですらある」と書き遺している。

また、禅の悟りも、平気で死ぬことばかりではなく、どんなに苦しい時でも平然として生きていることも死生の大事とされている。

では男にとって、生きるのが苦しいのは、どういう時か。それは名誉を捨て去る時だ。よそ目には、恥も外聞もなく生きていると思われる時だ。これは文字で書くと簡単だが、実際に生やさしいことではない。一度でもそういう場面に直面したことのある人間なら、命を捨てるほうが、ずっと楽なことがよくわかる。

杜牧に「烏江亭《うこうてい》ニ題ス」という名詩がある。

勝敗　兵事　事期セズ
羞ヲ包ミ恥ヲ忍ブ　是レ男子
江東ノ子弟　才俊多シ
捲土重来セバ　未ダ知ルベカラズ

劉邦すなわち後の漢の高祖と覇を競い、戦い敗れて垓下《がいか》に逃れたが、ここも「四面楚歌」となって、最愛の虞美人《ぐびじん》とも別れなければならなくなった項羽は、

力、山ヲ抜キ、気、世ヲ蓋《おお》ウ
時ニ利アラズシテ騅逝《すいゆ》カズ
騅《すい》逝カザルハ奈何《いかん》トモスベキ
虞ヤ虞ヤ　汝《なんじ》ヲ奈何セン

とうたい、「さらばじゃ」と名馬「騅」に鞭うって、血路を開き、ようやく烏江まで落ちてきた。

ここを渡れば、もう故郷の江東である。

宿場の長が船をもってきて「江東、小ナリトイヘドモ、マタ以テ王タルニ足ル。願ハクバ急ギ渡レ」とすすめるが、項羽は首をふってきかない。

いわく「我、江東ノ子弟八千人ト江ヲ渡リテ西ス。今一人ノ還ルモノナシ。タトイ、江東ノ

父兄憐ミテ我ヲ王トストモ、我、何ノ面目アリテカ、復《ま》タ見《まみ》エン。独リ心ニ愧ジザランヤ」と自刎《じふん》する。

もし、項羽が、ここで死なずに出身地たる江東にわたって、もう一度、まき返していたら、漢の天下もはたして成立していたかどうかはわからない、という杜牧の「詠史」であるが、筆者は杜牧とは見解を異にする。ここで項羽が「以テ生クベクシテ而シテ死ス」の道を選んだからこそ、前の虞美人の詩とともにロマンが生れたのだと思う。

「以テ死スベクシテ而シテ生キ」たほうがいいか「以テ生クベクシテ而シテ死ス」べきか、その判断はきわめて微妙だが、この言葉を知っていて行動するのと、知らずに行動するのとでは、天地雲泥の差がでてくる。

それはともかく、こうして、修羅場を切りぬけた武田が、今、座右としているのは、安岡正篤がつくった六中観である。

死中有活《かつ》。苦中有楽。忙中有閑。壺中有天。意中有人。腹中有書。

「死中の活」「苦中の楽」「忙中の閑」は説明するまでもないだろう。

「壺中有天」は、現実の世俗的生活の中に自らが創っている別天地のことである。これは中国の故事によるもので、汝南《じょなん》という町に費長房という役人がいた。一日の勤務を終えて、二階の自分の席から大通りを見るともなく眺めていると、通りの商店もそろそろ店じまいで、その中の薬屋の老人も、仕事を終り、あたりを見まわしながら出てきたと思ったら、店先に懸けてあった大きな壺の中へポンと入り込んでしまった。

二階の役人は、「これは何かあるぞ」と翌日、たずねていき、「おい、昨日はどうした。見ていたぞ」というと、老人は「見られたのでは仕方がない。わしと一緒に来なさい」というわけで、二人は壺の中へ入った。壺の中は広々とした新天地で、今まで見たこともない立派な部屋があり、美酒佳肴に満ちている。彼は老人と心ゆくまで楽しんで、いつとはなくまた地上へ還ってきた、という話である。

阪急電鉄相談役の清水雅は「自分だけの時間をもてない人は幸せを失っているような気がしてならない。ましてや、自分だけの世界をもてない人はあわれと思う」と『続・みやびされごと』の中で述べているが、これは「壺中有天」の本質を見事に衝いている。

「意中有人」は「恋人をもつ」という意味ではない。いつも心の中に「人物をもっている」ことである。

私淑し得る人物を、理想的人間像を、あるいは要路に推薦し得る人材を……といった具合に、ありとあらゆる人物を用意していることである。

「腹中有書」は、断片的な知識ではなく、しっかりと腹の底に蔵《おさ》めた哲学をもっていることだ。

前にも述べたが、もともと「知識」というのは、人の話をきいたり、本を読んだりして得る、ごく初歩的なものだから、薄っぺらである。これに経験と学問が積まれると「見識」となる。

さらにこの「見識」に実行力が加わると、「胆識」となる。この「胆識」が「腹中有書」である。

「わたしは、この六中観のおかげで、どんな場合でも、絶望したり、仕事に負けたり、屈託したり、精神的空虚に陥るようなことはない」との武田の述懐だった。

初めに模倣ありき

小林一三の後継者教育

弟子は、まず、師の跡にしたがって、師の言動をすべて模倣するところからはじまる。たしかに第三者から見た場合には、ぎごちなく思われたり、滑稽視もされよう。しかし、人間は模倣を通じて形成されることも事実である。

生者たると死者たるを問わず、自分が私淑し、尊敬し、心酔する人物をもっているのは倖せなことである。

成長してから後、たとい、その師を否定するようなことがあっても、自己滅却の訓練は、その人間のバックボーンとして残ることだろう。

ゲーテの明快な指摘がある。

「真の芸術に予備校はない。ただ、実力の修得があるのみだ。だから、見習いの弟子にとって、師の仕事の実際を手伝うほど有益なことはないだろう。絵具溶きの助手から偉大な画家になった人は少なくない」

阪急電鉄相談役の清水雅が、小林一三の直系の弟子であることには誰しも異論はあるまい。だが、小林は「自分の模型《もけい》」と思われるほど才気煥発で俊敏な清水を愛すると同時に、「この小僧、油断も隙もあったものではない」という気持を内心もちつづけていたことも事実である。

たとえば、小林の随行でドイツへ行った時には、清水は暇を見つけて、一般の家庭や店をかけずりまわって、金、銀、銅、鉄、陶器、象牙などのジョッキを千個ばかりかき集め、うち七百個を買値の三倍で友人の店に並べて売ってしまった。その結果、自分が気に入って、日本へもって帰った三百個分はタダとなった。

さすがの小林一三が「こいつ、無茶やりおる。ドイツでジョッキの値をあげよった」と舌を巻いたという。

また、こんなエピソードもある。

十カ月ばかりの海外旅行を終えて、船は一路、故国に向かって波をけたてていた。いよいよ、明日は日本の土が踏めると感慨にひたっている清水に小林からよび出しがかかった。

社長の秘書だからすっとんでいくと、「君には長い間、いろいろと厄介になったので、お礼をさしあげたいと思う。日本へ帰ると、また忙しくなるので……」といって、現金一万円をポンと出した。

昔の一万円だから価値がある。立派な家が二軒は楽々と建てられた。まことにありがたい話なので、神妙にお辞儀をしてひきさがろうとすると、「ちょっと待ち給え」とよびとめられ、「一応まとまった金が懐に入ったわけだが、日本に帰ったら、それをどう使うかね」ときかれた。

「阪急の株でも買っておきます」といえば無事だったのに、なまじ、頭がまわりすぎて、数日前、小林から極秘で見せられた三倍増資含みの東洋製罐の考課状を思い出し、「東洋製罐など面白いですネ」とやってしまった。

みるみる、小林の顔がけわしくなり、「清水！　そこへ坐りなさい」

〈しまった〉と思ったが、もう遅い。

せんかたなく、椅子の端にちょこんと腰をおろすと、「君は、ものごとを先に知っていて、一人で先取りするのかい」と雷が落ちた。「私が今日、十億に余る事業を支配し、東電を栄えさせ、阪急、東洋製罐、東宝などの各企業を支配できる理由は、ものごとを他人より先に知っていて金を儲けたことがないからだ。たとえば、電車を導く場合に、その場所がわかっていて、その土地を買っておけば、儲かるにきまっている。世の中には、そういうことを好んでする人間もいるが、小林は、絶対、それをやらぬところに十億の事業をがっちりと抑えていける基礎があるのだ。お前は欲が深すぎて、すぐ損得のわかるところにお前の最大の欠陥がある。その根性をたたき直さぬかぎり、いかなる事業をしても決して成功しないだろう」

延々一時間にわたる大説教にすっかり参ってしまった清水は、「その夜は、眠られぬままに、うつらうつらとしながら、小林翁の顔を何度もかいまみた」という。

しかし、そういう小林だって相当なものである。

敗戦直後、税金の滞納で東京は有楽町の日劇ミュージックホールが競売に付されかけた。あわてた小林は三和銀行へかけ込み、数億の融資を得て、何とかピンチをきりぬけた。何しろ、敗戦直後の数億である。三和銀行だって行運を賭しての融資だった。

それから数年後の話である。

大阪は阪急百貨店に出している三和銀行の支店が、どうにも手狭で、仕事がまわっていかない。何とか、阪急の売場を少し譲ってもらおうと、何度も交渉したが埒《らち》があかない。とうとう、トップ会談にもち込まれて、渡辺忠雄（現相談役）が小林一三に直接かけあった。

ところが、小林は言を左右にし、寄せつけようとしない。万策つきた渡辺が「こんなことはいいたくないけれども、ミュージックホールに比べれば、お宅にとって些細なことではないですか」というと、小林は傲然としていってのけた。

「たしかにあの時に世話になった。しかし、あの度はあの時、今は今だ」

人のことなど、めったに批評したことのない渡辺が「小林一三という男はキャッシュ・オン・デリバリーだ」と噛んで吐きすてるようにいった。

ありていにいえば、清水に「事業家の金銭哲学」などをもったいぶって説教できる柄ではなかったのである。

もともと、あくの強い人間ほど子供をかわいがる。つまり、自己愛が強烈で、その自己愛の変形として子供を溺愛するのだ。

小林ほどの人物になれば、伜たちの実力がどの程度かはとっくに見ぬいていたし、〈俺ならば、清水を御することができるが、とうてい伜どもでは無理だろう〉くらいのことは考えていたに違いない。

後、黒四ダムを建設して、世界に「関電」の名を轟かせた太田垣士郎（故人、前関電会長）を阪急から出すときに「ニッケルの時計にプラチナの歯車はいらない」といった台詞はいまだに語り草となっている。「勇略、主ヲ恐レシムル者ハ身危シ。而シテ、功、天下ヲ蔽フ者ハ賞セラレズ」の史記の文句が、そのまま、当てはまるのが小林一三と弟子たちの関係であった。

『みやびざれごと』の人間学

こういう小林の下にあって、清水が、いい意味においても、悪い意味においても、さまざまな苦労をなめたことは想像にかたくない。

清水に『みやびざれごと』と『続・みやびざれごと』の二冊の箴言集がある。非売品で友人知己に配ったものだ。一見、何の努力もなしに好きなように書きなぐっている感じである。

しかし、本当の努力は努力したような顔をしないし、真の技巧が無技巧に見えるように、かなり高度な表現力の上に清水の珠玉の文章が生れていることを知らねばならない。

もちろん、小林一三の影響が滲み出ている箇所もあるが、それらを超克して、清水でなければ書けない「清水教」を織りなしているところにこの本の価値がある。

以下はその抜粋である。

《何でもよい。一つの仕事に精進しなさい。「これなら、あの人に頼もう」と他人が思うようになればもう人格ができあがっている》

『三銃士』を書いた文豪、アレキサンドル・デュマは「どんな女でも本気になって口説くことを決心した男には、靡《なび》かずにはおられないように、人生というものも、これを根気よく口説く人間には、その最上のものを提供せざるを得ない」といっているが、清水は別項で、「一、二年間、毎日、一つの仕事にとりくんでごらんなさい。他人が到底、入れない境地に達するでしょう。達人とは自然に生れるものではないのです」とプロへのノウハウを示唆している。

《他人をなぎ倒して利益を得るということが、いかに危険であるかを知らねばならない。経営とは自他ともによろこぶべきことを根本にすべきである》

利益は目的ではなくて結果である。世の中に役立つようなことをすれば、必ず、その貢献の度合に応じた報酬が社会からもたらされる。それが利益である。

社会への貢献に応じてもたらされるものが利益である以上、それはたしかに結果であって目的ではない。

宮崎交通相談役の岩切章太郎が「世の中に必要なものなら、きっと世の中が拾いあげてくれる。だから経営者たるもの、自分のやっている仕事が世の中に必要か、どうかをいつも厳しく見つめておかねばならぬ」といっているのも、その辺の呼吸である。

《ほんとにくやしいときには歯ぎしりばかりで、涙なんか出るものではない。こんな瞬間を経てきた人だけが本当の男になる》

順境は人をころし、逆境は人を活かす。そして、耐えるたびに少しずつ人生が見えてくる。

《お互いに愛しているだけではいけない。お互いに相手をどんなに必要としているかを認識することが最も必要なことである》

「結婚して三日間は男も女も夢中である。三ヵ月間はお互いに相手を研究する。そして三年間はやさしく愛し合う。あとの三十年間はともどもに我慢しあって生活していくものである」とは英国の作家、オスカー・ワイルドの名言だが、その結びがいい。

「このあと、三十年間、お互いにすっかり鼻についてから、夫婦の本当の愛情がわき出してくるものだ」

山本周五郎の『小説・日本婦道記』にもこんな一節があった。

女と生まれ、妻となるからには、その家にとり、良人《おっと》や子たちにとってかけがいのないほど大事な者、病気をしたり、死ぬことを怖れられ、この上もなく嘆かれ、悲しまれる者、それ以上の生き甲斐はないだろう。しかし、では自分は、この家にとって果たして、かけがえのない者であるか、どうか……弥生は然りと思うだけの自信も勇気もなかった。

これは女房だけではなく、夫婦ともどもこの考えになったとき、清水のいう境地が開けてくるだろう。

《人生は長い、ゆっくり行こう。

高速道路にこんな張紙がしてある。

全く、人生はゆっくり行きたいものだ》

静かに行く者は健やかに行く、
健やかに行く者は遠くまで行く。

《一人の力で事業が成功することは絶対にない。一人の力が他人の協力を得たとき、はじめて事業は成功する。そして、協力を得られるのは、鋭さではなく人格の力である》

経営者がなさねばならぬ仕事は学ぶことができる。しかし、経営者が学び得ないが、どうしても身につけていなければならない資格が一つある。それは天才的な才能ではなくて、実にその品性である——ドラッカー。

《ひとびとが熱狂するとき、私は妙に冷静になる。企業には、そんな者も一人は必要です》

経団連会長の土光敏夫のように「燃える経営者」は熱い血潮が一途に燃えあがるのだから理解しやすい。ところが清水のように状勢が困難になってくればくるほど、冷たく血の冴えかえってくる経営者もいる。

二つのタイプともに情熱には違いないが、一方は熱烈、一方は冷血、雲泥の差である。だが、いずれも、その頂点に達した時、人のできないことをしてのける点では共通している。

ただ、熱烈型は、情熱が燃えあがって夢中になっているために、前後左右に目の配《くば》りがとどかず、時に思わぬ失敗を招くことがあるが、クール型は、ますます頭が冴えてきて見落しがない。清水がたびたび、大波をかぶりながら、かすり傷ひとつ負っていないのはそのせいである。

《常務会で決まっていることを「ノー」というのは難しいことだ、だが、それが社長というものだ》

ある日、閣議で重要な問題が討議された。七人の閣僚ことごとくが賛成した。リンカーン大統領一人が「ノー」といった。そして、「ノー」といいながらも、一人一人に謙虚な態度で意見を聴取し、最後に破顔一笑して決を下した。

「原案に対し、賛成七票、反対一票、よって原案を否決します」

閣僚は皆、顔を見合せて驚いたが、改めて大統領の識見に感服した。

一致の次善をとるか、不一致の最善をとるか、そこが「将に将たる器」と「兵に将たる器」との分れるところである。

《銀行が金を貸したいという時は借りなさんな。もう景気は頂上です。銀行が金を貸ししぶる時、何とか工夫して金を借りるのです。必ずのぼり坂になってきます。古今東西、こんな分りきったことをやらない人が多いのです。気が短いせいでしょうかねえ》

銀行がだぶついた金を商社に貸しつけ、商社はその金で土地を買い漁って地価が暴騰した時、清水は阪急不動産の土地を全部処分させ、百億の現ナマを銀行に預金した。そして、こんな箴言を書いた。

「草ばかり食べていても、牛はあんなに力強く成長するのです。一度、食べたものを、もう一度、別の胃袋に入れておいて、消化しなおすからでしょう。事業も一度食べたものを、もう一度、横へ残しておくことです。大きな力になりますよ」

《評判を気にしている生活ほど、さびしいものはない。何も気にしないで、人生を生きて行くひとの表情はうれしいものだ》

「世論とともに考えるような人は、すべて自分で目かくしをし、自分の耳に栓をしているのだ」とニーチェもいい、ブリアンにいたっては、「自分にとって大切なことは、他人が自分のことをどう考えているかということではなく、自分が奴らのことをどう考えてやるかということである」と開き直っている。

経営が労組に迎合したり、政治が大衆に媚びはじめた時、企業は破滅し、政治は堕落する。

《嵐の中を歩いていると、天気のありがたさがわかります。病気をすると、健康のありがたさがわかります。時には軽い病気をすることも心の修養になるものです》

「人、病中ニ在《あ》レバ、百念、灰ノ如ク冷ナリ。富貴アリトイエドモ、享《う》ケント欲シテ不可ナリ。反《かえ》リテ、貧賤ニシテ健ナル老ヲ羨《うらや》ム。コノ故ニ人能《よ》ク、無事ノ時ニ於《おい》テ、常ニ病ノ想《おもい》ヲ作《いた》サバ、一切、名利《みょうり》ノ心、自然ニ掃《はら》イ去ラム」

明末の学者にして政治家だった陸紹珩《りくしょうこう》の読書録『酔古堂剣掃《すいこどうけんすい》』にでてくる言葉である。

たしかに、清水のいうように健康のありがたさを知るのは病気になってからである。しかし、同時に健康のありがたさの中で、どれだけ愚行を重ねたかをも思い出すべきであろう。

《小さな倖せをたくさん集めましょう。
大きな倖せが、そう沢山あるとは思いません。
たくさんの小さな倖せを身辺にひろってごらんなさい。
大きな倖せになりますよ》

落日平台ノ上
春風ニ茗《めい》ヲ啜ルノ時

バルコニーで美しい夕陽を眺め、春風に頬をなぶらせながら、静かに茶を喫するときが人生の最も倖せを感ずる、と中国の詩人たちもうたっているが、日本では江戸末期の歌人、橘曙覧《たちばなのあけみ》の「独楽吟《どくらくぎん》」がいい。

楽しみは　朝起きいでて　昨日まで　無かりし花の　咲ける見る時
楽しみは　まれに魚煮て　児等皆が　うましうましと　いひて食う時
楽しみは　銭なくなりて　わびをるに　人の来たりて　銭くれし時
楽しみは　木の芽煮やして　大きなる　饅頭《まんじゆう》をひとつ　頬ばりし時
楽しみは　つねに好める　焼豆腐　うまく煮たてて　食はせける時
楽しみは　とぼしきままに　人集め　酒飲め　物を食へという時
楽しみは　いやなる人の　来たりしが　ながくも居らで　帰りける時

「独楽吟」を読み返すたびに、世の中には、こんなにも楽しみがあるものか、と日ごろの不平不満が恥ずかしくなった。

《喧嘩はいいものです。でも仲なおりを何処でするか、ということが大切です。
人生は喧嘩と仲なおりのくり返しです。

仕事も家庭も、心すべきことだと思います》

ただし、喧嘩の相手を選ばなければいけない。極端ないいかたをすれば、信用のできる相手、好意のもてる相手とでなければ、喧嘩はしないほうがいい。

相手から、さんざんにやっつけられて、その時はくやしいと思っても、後から懐しくなるような相手と喧嘩をすべきである。

それ以外の次元の低い輩《やから》とは、事を構えず、無視していくことである。

《悪いことのできない人よりも、悪いことができて悪いことをしない人が成功する。事業界というものはこうしたものです》

よく世間では、あの男は悪人だという。だが、悪人ということは、よく考えるとわからなくなる。見方によると、悪を知らない善は本当の善ではない。親鸞は若い時代に沢山の悪を知りつくして、それからあと善人になったから偉いのだ。悪を知った善、挫折を知ったうえでの前進、バイタリティー、そこに人間的魅力がある。

《運命に恵まれ、

健康に恵まれ、

家庭に恵まれ、

死に恵まれる、
人生は楽しきものなり》

幸福の四つの条件だが、特に最後の「死に恵まれる」は心の奥深くうなずかせるものがある。作家の宇野千代は祖母の死を「祖母は百歳になっても、まだ、先のプランがいっぱいあった。これが祖母の命をささえた。その死は秋になって、木の葉が枝から落ちるように、ある日、ことりと何の前触《まえぶ》れもなく自然にきた。悲しみではない。ある感動を与える死であった」と書いた。

これほどの死に恵まれなくても、せめて息をひきとる時に、「ああ、面白い人生だった」くらいのことはいってみたいものである。

もともと、生きた悟りや心に閃めく真実の智慧、あるいは力強い行動力は、けっしてダラダラした長ったらしい概念や論理から得られるものではない。

それは、体験と精神とが凝結《ぎょうけつ》している片言隻句《へんげんせっく》によって悟るのであり、また、その原理原則を把握することによって実践するのだ。

したがって、語録とか、箴言とかいうものは、経験を積めば積むほど、教養が深くなればなるほど、身につまされてわかってくる「おとなの学問」なのである。

守りの哲学

創業と守成といずれが難き

故《ふるき》ヲ温《たず》ネテ新シキヲ知レバ、以テ、師タルベシ。（論語）

眼前の問題を解決するのに、あさはかな自分の小智の思いつきでこなすようでは、決して人の師たることはできない。

人の師たる、とは、正しい処置を教える能力をもっているということだが、それには、必ず、故《ふる》きよきことを温《たず》ねて、それによって今の道を判断してゆく人でなければならない。つまり、歴史的経験を重んずる人にしてはじめて人の師となるのである。

孔子の如きは、まさにそれで、夏殷周《かいんしゅう》三代の聖王の跡を温《たず》ねて、儒教を生み出した。

リコーの創業者、市村清は「自分は信長的な経営者だから、わたしのあとは家康的な人でなくてはなるまい」といって、同郷の政治家、舘林三喜男を選んだ。

創業者とは「たぎった時代に輩出したたぎった人物」(司馬遼太郎)である。

「たぎった時代」とは、表面的な組織とか機構とかいう問題は無視され、裸の人間的魅力とか、迫力とかがものをいう時代である。したがって「たぎった人物」とは、きわめて個性の強い独《どく》立不羈《りつふき》の人物を意味する。

この「たぎった人物」は、一応、一代で起した事業に目鼻をつけ、それを後継者にひきつぐ段になると、決して、自分と同じような「たぎった人物」を選ばない。せっかく、営々として築きあげたわが事業をイチかバチかの大勝負に出られて、万一、失敗して、元も子もなくされてはかなわない、という心理である。

当然、用心深く手堅い「守成《しゆせい》の人物」を選ぶ。

ところが、日本人は本来「守成」が下手くそで、嫌いなために、「創業の人物」ばかりを実質以上に美化し、評価し、「守成の人物」には点がからい。

たしかに創業の華やかさ、ドラマチックさにくらべて、「守成」は地味で、縁の下の力もちだ。

だが、「創業ト守成トイズレガ難キ」(『十八史略』)といわれるように、創業よりもむしろ「守成」こそ忍耐と根気強さと人間的器量とが要求されるのである。

市村に将来を託された舘林三喜男は内務官僚から政界へ入り、敗戦後は「公職追放」やら落選やらで、働きざかりの四十三歳からの十年間を浪人生活を余儀なくされたが、再び、政界に返り咲いて、経済企画庁、農林省の政務次官を経て、リコー入りした人である。

　特に十年間の浪人生活は、よほど身にしみたのだろう。こんな述懐をしている。

「人が自分をチヤホヤする時、その人は、この舘林三喜男をチヤホヤするのか、それとも社長という椅子をチヤホヤするのか、このあたりを混同しないようにしなくちゃいかんと思っているんです。その識別ができるのは、全く肩書きのない生活を十年間送ったおかげです。浪人時代、ふらっと銀座にでかけてみるとネ。どうして、みんなこうも希望にあふれ、自信に満ちて歩いているのだろうと思いますよ。それにくらべて、自分のこのザマは何だ、啄木の歌にもありますよネ。『友がみなわれよりえらく見ゆる日よ　花を買ひ来て　妻としたしむ』……もう本当にそんな心境でした。そして、そこで得たものは、人のなさけ、めぐみの愛の尊さ、人生には幸福一筋、不幸一筋というのはない。喜びのあとには悲しみ、悲しみのあとには必ず喜びがくるなどということでした。ここで、私の家内の自慢をさせてもらいます。私がこの十年間の苦闘を耐えぬけたのは、家内がこの間、一度も『どこかへ就職でもなさったら』とか、『誰々さんは今度、何になられた』などと一言もいわなかったことです。私の友人や知人が華やかなライトを浴びて要職につき、活躍されている。きっと家内は心の中で羨ましく思い、私を甲斐性なしと思ったことでしょう。ここで、もしも、あらわに家内から愚知をいわれたら、やはり男として、あせりも出たでしょうし、無理を重ねて、すべてが台なしになったでしょう」

　浪人生活は、本人よりも女房や家族が音《ね》をあげる。特に女房に音をあげられると、相当な豪傑でも、つい、ふらふらして、心ならずもダボハゼみたいにいろいろなものにとびついて失敗する。

ある社長夫人は美人で才女で、少なくとも外から見た限りでは一点非の打ちどころがなかった。しかし、財閥の一人娘としてわがままいっぱいに育てられたために、思いやりとか、温かい心に欠けていた。

その社長がまだ常務時代、専務と大喧嘩をやり、辞表をたたきつけて帰ってきた。いきおい、玄関をあけるなり「とうとう、専務の野郎と大喧嘩をやらかして、会社は今日限りやめたよ」というと、その夫人からいきなり「だからいわんことじゃありません。あんたは頑固ものだから、いつかはきっとこうなるだろうと思っていましたよ。まだ子供も小さいのに、これから先、いったいどうなさるおつもりですか!」とやられて、専務よりも女房のほうに数倍、腹が立ったという。

舘林日記にみる市村語録

それはともかく、この舘林が創業者の市村から教えられたことを語録の形でまとめ、その冒頭にこう記している。

齢《よわい》を重ねるごとに、精緻《せいち》な理論を展開する書籍よりも、端的に自らの心境を吐露する語録的なものにぐんぐんひかれて行く。残り少ない人生を充実させたい、という願いと祈りから、理論のもつ観念と虚構にあきたらず、多年の修練によって磨きあげられた信念からほとばしり出る、切れば血のしたたるような真言が私の心をゆり動かすのである。『バイブル』『論語』『臨済録《りんざいろく》』『歎異抄《たんにしょう》』『正法眼蔵《しょうぼうげんぞう》』などは、いつも私の座右にある「語録」である。

経営についてもまた同様である。

私は、この世界に入ってまだ日が浅い。それなのに、理論的な「経営学」の本よりも、苦闘する経営者の伝記とか逸話などにひどく魅力を感ずるし、また、それが私の日々の行動の指針ともなり、心の糧ともなっている。

以下、市村社長から教わった一端を、私の日記の中からひろいあげてみる。

《部下をかわいがって勢力を伸ばそうと考えるのは間違っている。部下に対して厳格であってこそ、むしろ、部下はついてくる。

部下の多くは、かえって上役のきびしい指導、監督を希《ねが》っている。依怙贔屓《えこひいき》や抜擢で閥をつくろうとすれば先ず失敗する》

上司と部下とは厳しさを通じて結合しなければホンモノではない。

頑迷さは困るが、そうかといって、部下に対して八方美人的な上司は一層困る。いや、部下を甘やかす上司は、最初から警戒してかかったほうがいい。

明治最大のキリスト教徒だった内村鑑三は、自分の信仰については実に潔癖で非妥協的だった。そのため、独善的にみられることもあったが、はっきりと自分の信仰を述べ、決して相手におもねらぬ態度は、内村の信仰を肯定するにせよ、否定するにせよ、爽やかで魅力があった。

《セールスマンは、自分の売る商品の知識はもとより必要だが、それ以外、どんな顧客にも向くような社会学の勉強がさらに必要である。相手の顧客が、いつ来てくれるかと楽しんで待ってくれるようなセールスマンを育てねばならない》

小学校すら満足に卒業し得なかったリンカーンは、弁護士試験に及第してから、熱心に英文学、特にシェイクスピアの研究に没頭した。

仕事に対してはプロとならねばならぬ、しかし、その上にカルチャーをもたぬと風格とか、品位というものがでてこない。

舘林は自らも語っている。

「よい経営を行うための原点は何かというと、それは経営にたずさわる人間の問題に帰着すると思います。人間はどうあるべきかを探しもとめることなんですネ。世界一のビジネス・スクールはハーバード大学にあるでしょう。あそこの社長コースで何を教えているかといったら、宗教とか、歴史とか、哲学とか、芸術とか、また、ハイコモンセンス、つまり高度の教養ということかな。そんなことばかりで、経営テクニックなんか一切ないそうですよ。ドラッカーもいっていますネ、経営トップの一番大事なことは何か、それは品性だと」
《経営の根本義は、ひと当てして儲けようという心を棄て去って、一歩一歩積み重ねて儲けることである。リコー三愛グループの社風として、ボロ儲けはせぬという信念を確立しなければならない》
阪急電鉄相談役の清水雅も市村語録に共通することを二ついっている。
「ほおばってはいけません。ぼつぼつたべることです。利益は少しずつためていくのが最良です」

『舘林語録』に学ぶ後継者

この市村清と舘林三喜男の後を継いで、三代目社長となった大植武士は「創業者の市村社長と二代目の舘林社長とでは性格が全く対照的だった。市村社長はカンが鋭く、敵の本陣のまっただ中へ入り込むという信長的な攻撃型であるのに対して、舘林社長は守成の経営者で、乱れたものを編み直すことに優れていた。私は人間性の尊重、近代経営への脱皮をうたった舘林語録を踏襲し、定着させることが使命だと思っている」といい、その行動の軌跡、原理原則を明示するために『舘林語録に学ぶ』という小冊子を編集、全社員に配布した。

以下はその抜粋と解説である。

《お釈迦様は、悩みに悩んだ末に「人間は誰でも生れながらにして智慧や徳相をもっている」ということ、つまり、有名な「衆生本来仏《しゅじょうほんらいほとけ》なり」の悟りを開かれたのです。ところが道元禅師は「衆生本来仏なり」とすれば、何故、人間は血みどろの修行が必要なのか、という疑問を抱き、誰彼に借問《しゃくもん》しても満足な答が得られない。そんな時、宋から帰って建仁寺にいた栄西《えいざい》禅師が明快に答えた。

「人は生れた時は誰しも無垢《むく》の仏だが、歳をとるにしたがって、いろいろな欲がでてくる。この欲が本来の仏を覆《おお》ってしまう。自分の心にこの欲があることを自覚したとき、その人は欲をなくしたのと同じである——修証一体。修は知識。証は体得——そして、その欲を全くとり去ったときに本質である仏が現われるのだ。しかも、それは自分の努力でしか引き出すことができないものだから、人は修行しなければならないのである」

と》

性悪説をとなえた精神分析学の権威フロイトの弟子のフランクルは、ユダヤ人なるがためにナチスに捕えられ、アウシュビッツ収容所へ送り込まれた。そこで彼は、理性や知性を失ったユダヤ人が本能的、無意識的に同胞を売り、同胞の死を見ながら平気でパンを食べる姿を見た。まさしく師のフロイトのいう通りであった。

ところが、それとは全く反対にごく自然に自分の命を捨てて同胞を助けようとする人々がいることも発見した。その厳然たる事実からフランクルは、本能の支配する無意識の世界の底に、さらに深い無意識の層があって、そこからの呼びかけに応じた者が、大勢の人間のためにやすやすと自分の命さえも捨てることに気づいたのである。そして、「人間の行動の根底は、実はそこにある」と師の性悪説を否定し、それを「超越的意識」、あるいは「宗教的無意識」の世界と名づけた。

こういうフランクルのような苛酷な経験は、現代人にはもち得ないかもしれない。しかし、栄西の「修証」と同じことをパスカルが指摘している。

人間ニソノ偉大サヲ示サナイデ、人間ガイカニ禽獣ニヒトシイカトイウコトバカリ知ラセルノハ危険デアル。マタ、人間ニソノ下劣サヲ示サナイデ、ソノ偉大サバカリヲ知ラセルノモ危険デアル。サラニ、人間ニソノ何レヲモ知ラセズニオクコトハ一層危険デアル。ダガ、人間ニ両面ヲ示シテヤルノハ非常ニ有益デアル。

人間ハ、自分ヲ禽獣ニヒトシイト思ッテモナラナイシ、天使ニヒトシイト思ッテモナラナイ。ソノ何レヲ知ラズニイテモイケナイ。両方ヲトモニ知ルベキデアル。

《「企業の社会的責任は何か」といったら、私は「社員の首を切らない」という一事に尽きると思う。

あちこちで千人二千人と社員の首を切って、「あとは保険でやってくれ」という人に限って、企業の社会的責任がどうの、こうのといっている。おかしいと思いますよ。本当に大事なのは、首を切らないと覚悟することです》

九州松下電器会長の高橋荒太郎が、かつて倒産しかけた会社の再建にのり込んだ時、まず、本社常務の肩書を返上した。社長は「何も、そんな極端なことはしなくても……」と止めたが、「再建の中心になる私が自分だけ逃げ場をつくっておいて現場へとび込んでも、現場の人たちは絶対についてこないでしょう」と一歩も譲らなかった。

こうして会社へのり込んだ高橋は、全従業員を一堂に集めてこういった。

「今、世間では不況で賃金カットがはやっているけど、賃金は諸君の生活の基本だから、これには一切、手をつけない。また、人員整理も絶対にやらない。しかし、われわれについていくのが不安だと思う人には、退職金を規定の二倍分さしあげるから、遠慮なく申し出てもらいたい。それから、残ってもらう諸君には規定の退職金を全員お渡しします。というのは再建というのは難事業ですから、必ずしも成功するとは限りません。万一、懸命な努力をしても会社が潰れるかもしれない。その時に退職金もでないとなると、一家、路頭に迷うことにもなりかねないので、事前に退職金をさしあげておくのです。

さて、再建の方法はたった一つです。製品コストを三割下げること、これさえ実現すれば会社は間違いなく再建できます。ただちにこの場から、全員、この目標に向かって突進して下さい」

一年で三割のコストダウンに成功し、ボロ会社は一転して優良企業となった。

自己の探求は宗教に通ずる

《浄土真宗を興した親鸞の言葉に「ひとえに親鸞ひとりがためなりけり」というのがあります。これは、万人に説かれた釈迦の教えを親鸞は「釈迦対親鸞」という一対一の関係でとらえているということなんです。いうなれば、釈迦が説かれた教えは自分ひとりのために説かれたと考えるわけですから、その教えに対する真剣さが違ってきますネ。講習でも、大勢の中で聴いても、自分ひとりのために話してくれているんだと思ったら、とても居眠りなどできるもんではありませんネ》

スイスの教育学者、ペスタロッチは「二人の人間が出会ったところで行われる個人的な語りかけがない限り、われわれは心の底から師匠の教えを聞く気にはなれない」といっているが、親鸞は万人の中にあっても、この「個人的な語りかけ」を受けるつもりで、耳を傾けよと説いているのだ。

筆者にもこんな経験がある。

近ごろテープレコーダーという便利なものがある。

弟子である以上、師の謦咳《けいがい》に時々接したいと思うのは当り前だが、師の多忙を思う時、月二、三回以上時間をとって下さいという無理はどうしてもいえない。

そんな矢先、同門の友人が、『酔古堂剣掃《すいこどうけんすい》』の講義をされた師の録音テープを届けてくれた。ある晩、独酌でチビリチビリとやりながらそのテープをきいていたら、呑むほどに酔うほどに、わが師、安岡正篤と二人だけで酒を汲みかわしているようなすばらしい気分を満喫した。以来、これに味をしめて、同じテープで何回も「独酌の妙」を楽しんでいるが、きき直すたびに新しい発見がある。

《お釈迦様が死ぬ間際に弟子たちが、「今、あなたに死なれたら、残されたわれわれは、いったい何を頼りに生きていけばいいのですか」とすがった。その時、お釈迦様は「自灯明」という短い言葉を遺して逝かれた。

これは「釈迦を『灯明』つまり頼りとするな。自分自身を『灯明』として生きなさい」ということです。

明治大正の最高のインテリといわれた夏目漱石が弟子の森田草平に、「天下におのれ以外のものを頼るより儚《はかな》きものはあらず。しかも、おのれほど頼りにならぬものはない、どうすればよいか、森田君、この問題を考えたことがありますか」と悩みを訴えた手紙があります。実際、漱石は悩んだ末、鎌倉の円覚寺に参禅して、最後に「則天去私《そくてんきょし》」の心境に達するのですが、我々も時に、自分というものを徹底的に掘りさげてみることが大事ですネ。自分を掘りさげるということは自己を探求することであり、それはそのま

ま宗教への道に続くのです。自分というものを一度、そんなところで考えてみて下さい》

これはギリシャ神殿に掲げられた有名な言葉、「汝自身を知れ」に立ち向かうことである。至難の業であり、冒険である。しかも、立ち向かった者は必ず深い傷を負うであろう。しかし、これを超克した時、「人は宗教の世界に入れる」と舘林は明言しているのだ。

宗教とは何か。

それは「目に見える世界だけではなく、目に見えない世界がある」ことを悟ることである。

人生三人の師

ストレイ・シープを救う

「財界鞍馬天狗」といわれる興銀相談役の中山素平が人間的影響を受けた人物が三人いる。いわば「人生の師」といっていいだろう。その筆頭の一人は江原素六である。

「私の生涯に影響があったのは麻布中学の教育ですネ。江原素六先生がつくられた学校で、先生が校長をしておられる時に入りました。先生はクリスチャンで文武両道をわきまえた方でしたが、その教育方針が変っていましてネ。よその学校を退学させられた連中を麻布中学で拾うんです。玉石混淆《ぎょくせきこんこう》の中で人間を鍛えていくというやり方なんです」と中山は述懐するが、事実、村田勤の『江原素六先生伝』に、こんな一節が出ている。

　教師としての私どもが品行の悪い生徒に愛想をつかし、「あれはとても見込がありません」と訴えると、先生は「そういわずに、もう少し面倒をみてやってくれ」といわれる。「そうおっしゃいますが、あの顔をみただけでダメだ、と思われますが……」というと、

「今の顔はどうでも、捨てるなどといわずに、しばらくあずかってくれ。精神が癒《なお》れば顔も自然によくなる」とおっしゃる。

私どもは〈妙なことを先生はいわれる〉と思ったが、程経て、その生徒の品行が直った時には、その容貌も先生のいわれる通りによくなっていた。

そんなことがあって、わたしどもは慙愧《ざんき》して先生の徳に服した。

江原素六は毎週一回、「修身」の講義を受けもっていたが、クリスチャンのくせにキリストの話は一度もしたことがなく、幕末の戦の手柄話とか、渡米した折の赤ゲットぶりとかの自分の体験談を、面白おかしく語ってきかせた。キリストを一度も説かずにキリストに同化させる。それこそ最高のキリスト教徒だが、江原はキリストを口にしなくても、行動そのものがキリスト的になっているところに、えもいわれぬ魅力がある。

江原の言行から『聖書』の一節を思い出した。

汝らのうち、誰か、百頭の羊ありて、その一頭を失いたらんに、九十九頭を野に置きて、その失《う》せたる羊を見出すまで尋ねざらんや。さて、これを見出さば、喜びておのが肩に乗せ、家に帰りて、朋友隣人をよび集め「われ、失せたりし羊を見出したれば、われとともに喜べ」と言はむ。

われ、汝らに告ぐ。「かくの如く改心する一人の罪人のためには、改心を要せざる九十九人の義人のためよりも、天において喜びあるべし」

イスラエルの荒野にあって、キリストのこの話に耳を傾けていた羊飼いたちは、お互いに眼と眼を見かわして深くうなずき合ったことであろう。

「よき羊飼い」といわれるほどの人たちは、それぞれに同じ経験をもっているからである。大勢いる羊のなかには、時折、わがままな行動をとるのもいる。羊飼いの角笛の導きに背いて、花にだまされ、水につられ、つい、うかうかと危ない茨の藪に迷い込む。

そんな時には、「よき羊飼い」は羊の群をさしおいて、このストレイ・シープ一匹を救うために、危ない道をものともせず、探しに出かける。そして、さんざん苦労して、無事に救出した時の喜びは、われわれの胸にも素直にひびいてくる。

友人たちに向かって「われと共に喜べ」といって、欣喜雀躍するあたりは、まさにその情景を伝えて余すところがない。

一人の罪人が改心すると、天国では大喜びだという。

玉石混淆の教育

中山素平のことを「神経質で秀才タイプのようでいて、無神経な空気にも、鈍才の集りにも不愉快な顔をせず、平気で出席する妙に肚のすわったところがある」と前文化庁長官の今日出海が変なほめかたをしたが、たしかにその通りで、宴席なども、客としてよばれた時には何処へでも、のこのこと出かけていき、どんなに行儀の悪い芸者や気に入らぬ女将でも、普段とかわらぬものごしで酒をのむ。

また、中山のゲテモノ好きは有名である。

東声会のヤクザに狙撃され、これを空手《からて》で撃退したところへ駈けつけたマスコミを前にして、「騒ぐな！　生きるか、死ぬかのどちらかだ」と叫んだ田中清玄。あるいは日本にクレジット旋風を起した日本信販の創業者である山田光成。城山三郎の小説『風雲に乗る』（光文社）の主人公で、「新興宗教の教祖になりたい」と本気で考えるほどボルテージが高い。そんな連中が中山の周囲にわんさといる。

さらに経団連会長の土光敏夫も怪物の部類に属するが、その土光さえも、「わしの苦手が三人いる。石坂泰三（故人）と永野重雄（日商会頭）と中山素平だ。とにかく、この三人から何か頼まれると、俺としたことが絶対に嫌だといえんのだなあ」と嘆いている。

ある時、中山に「モンスター・オブ・モンスターズといわれる田中清玄の何処をそんなに買うのか」ときいたら、「もし、僕が明日、アメリカのカーター大統領に会いたい、といったら、直ちにその段取りのつけられる人物だ」と答えた。

〈なるほど〉とうなずいたら「君、春日潜庵《かすがせんあん》のこういう文句を知っているか」とやられた。

今世、短所ノ数ウベキアラバ、便《すなわ》チ、是レ第一等ノ人。東萊《とうらい》（朱子の畏友、呂東萊）ノ此ノ語、晦翁《かいおう》（朱子のこと）、象山《しょうざん》（陸象山。陽明学の先駆）ノ輩ヲ指《さ》スガ似《ごと》シ。

大海、時アッテカ、狂瀾《きょうらん》ヲ起シ、大川、時アッテカ横流《おうりゅう》ヲ生ズ、区々守常《くくしゅじょう》ノ士ハ以テ語ルニ足ラズ。

春日潜庵は京都の陽明学者で、横井小楠、西郷南洲、山田方谷《ほうこく》などの偉材がこの門を出入りした。けだし「短所の数うべきものがあれば第一等の人物だ」とはいい得て妙である。

今世、時めく人々は、一点、非の打ちどころもない。頭もいいし、才もある。交際もうまく、当りさわりもない。大して酒も呑まぬし、女も漁らぬ。すべてが、まことにこぢんまりと整っている。しかし、さっぱり、うまみもなければ感激もない。何やら忙しそうにたち働いてはいるが、やっていることといえば、要するにどうでもいいような、誰にでもやれるようなことばかりで、可もなし、不可もなしの類《たぐい》だ。

そんな手合が幾千幾万、集まったところで、この時代を動かす力にはなり得ない。たった一人でもいいから、もっと手ごたえのある男がほしいものだ。

もちろん、そういう人物には、凡人のもち得ない短所もあろう。だが、同時にそれがまた魅力でもあるのだ。

「数うべき短所」を沢山もっている男たちが不思議と中山の周囲に集まってくるのは、中山自身に妖しい魅力があるからだろう。

あるいは、獰猛《どうもう》な海蛇にも「ねむり」という箇所があって、漁師に、そこを押えられると身動きできなくなるのと同じように、中山は怪物たちの「ねむり」を押える術《すべ》を心得ているのかもしれない。

中山をよく知っている経済評論家の羽間乙彦《はざまおとひこ》は、それを次のように解説している。

「江原素六の玉石混淆の教育は、人間性に対する深い信頼がなければできない。うわべとか、毛並にこだわらず、人間を見、人間を信頼することだからだ。この理念を社会的に押しひろげれば、人を見出し、これを包容し、能力と特徴に応じて、その実力を存分に発揮させる立場となる」

花も実もある現実処理能力

もう一人の「人生の師」は小林中である。

中山は昭和二十六年から二十九年にかけて三年半、開銀の理事にでた。まだ三十も半ばだったが、時の開銀総裁が小林中だった。

しかし、この邂逅は、はじめから歯車が噛み合っていたわけではない。

「とにかく、小林さんという人はダークホースという印象が強く、戦前の番町会にも属しているなど、薄気味悪い存在だった。新しい開銀に対して、私たちは日本の産業金融を推進してきたという自負心から、この筋道を誤りなく進めていこうという意気に燃えていた。おまけに興銀再建をGHQに抵抗して軌道にのせた経験などから、小林総裁と意見があわぬ時には、一戦まじえるくらいのつもりでいた」と中山は当時を回想している。

しかし、その小林に日常業務で接触しているうちに、だんだん、その魅力の擒《とりこ》となっていった。

小林は、審査部長が説明する役員会に担当の課長などがついてくると、「君たちは、ここへ入る資格はない」と一喝する。

一見、課長につらく当るようだけれども、イントロだけ部長が説明して、肝腎《かんじん》のところを課長に補足説明させるというやり方が気にくわなかったからだ。

「部長が自分で責任をもって、きちんと説明できないような案件は役員会にはかるな」というのが小林の考えだった。そして、この企業に融資するということがきまると、必ず、その社長に直接会って、人物を鑑定するのが小林のやり方だった。

ところが、これほどの厳しさをもっている小林に当時、自民党の黒幕といわれた三木武吉が、江東地区で天然ガスを開発するというので、五百万円ばかりの融資を開銀に申し込んできたのだ。

〈どう処置するか〉と見守っていると、小林は三木の後援者であり、愛人でもあった神楽坂は「松が枝」の女将の定期預金を担保にとって、これに応じた。

この風貌に似合わぬ小林の緻密細心ぶりと、花も実もある現実処理能力に中山は舌をまいたのであった。

一方、小林は小林で、中山の私心なき仕事ぶりに将来の大器を感じとっていた。

「私が開銀をひき受けて、各銀行から人材を寄せ集め、何とか、できるだけ早く陣容を整えるために、中山を筆頭理事に据えることをきめた。もちろん、中山もOKしてくれたのだが、大蔵省から文句がついて、『うちの某をぜひ、筆頭理事に』といってきたため人事がもたついた。それがあまりにもしつこいので、ある時、中山に『大蔵の奴がこんな馬鹿なことをうるさくいってきて参ったよ』と洩らしたら、『大蔵がそういうなら、私は筆頭理事などにはこだわらない。要は仕事がやれさえすればいいのだから、大蔵の申し出を受けて下さい』といってくれたので、『君が、そういう大きな度量を示してくれるのはありがたい』と、大蔵、日銀、興銀から一人ずつとったが、結局は中山が開銀の組織の基盤をつくってくれた」

あまり、人をほめたことのない小林としては最大級の讃辞である。

財界の幕賓、小林中の真骨頂

小林中は、帝王学の三つの柱のうちの「幕賓《ばくひん》」的存在である。

もし、気に入った帝王がおれば、すすんで幕賓となり、その帝王を通じて、自分の理想を実現すべく、精魂を傾けるが、不幸にしてそういう帝王が見つからねば、野に下って、「まことの人は、彼の義務が要請する時と場合においてのみ、世間の舞台に現れねばならぬが、その他では、一個の隠者として、彼の家族の中に、僅かな友人とともに、また、彼の書籍の間に、精神の風土に生活しなければならぬ」（M・フォン・クリンゲル、ゲーテの畏友）と悠々自適を楽しむのが幕賓である。

その小林が政界入りを打診されたことがある。

本来なら、渡りに船の感じだが、小林は「俺は人に頭をさげたことがないし、頭をさげる人の気持というものがわからない。おまけに政治とは、自己の意志をころして他人の意志を代行するものだから、俺の性《しょう》には全く合わない」と断った。しかし、先輩の宮嶋清次郎（日清紡元会長）の関係でワンマン宰相・吉田茂と深くなり、見込まれて、開銀総裁を頼まれると、「政府や政治家が融資に圧力をかけるようなことをしたら、即座にやめさせてもらう。情実融資は一切拒否するがそれでもいいなら……」という条件で引き受け、事実、それを守りぬいた。

ところが、ＧＨＱは開銀認可に際して「市中銀行が融資したものを肩替りするだけで、開銀自体の新規融資はまかりならぬ」という枠をはめていた。

これでは、国家的見地からの産業育成などやれるものではないし、下手にまごつけば、市中銀行の不良債権だけを抱え込んで、身動きできず、パンクすることになりかねない。

この重大な矛盾に気がついた小林は、ＧＨＱの財政顧問だったＪ・Ｍ・ドッジのもとへのり込んだ。

何しろ、超均衡予算を強引に実施して、日本の竹馬経済の脚をきりおとしたバンカーである。とても一筋縄でいく相手ではないのに、英語など、ろくすっぽできない小林が、どう説得したのか、「開銀自体の新規融資」を認めさせたばかりか、帰国してからも「コバヤシは日本の経済人のなかで、最もフロンティア・スピリットをもった男だ」と讃嘆させたほどにドッジを魅了した。

また、吉田の直弟子、池田勇人と相許し、「財界四天王」として、陰に陽に池田をバックアップしたが、池田が大蔵大臣に就任すると同時に、「池田は俺の友人だ。その俺が開銀総裁にとどまっていたのでは、池田が痛くもない腹をさぐられる」という台詞をのこして挂冠。このあと、石坂泰三に頼まれて、アラビア石油の社長をひき受けるまでの十四年間を「天下の浪人」で押し通した。

この見事な幕賓ぶりをつくりあげたのは、郷土山梨の先輩、根津嘉一郎の有力な持ち駒として、アチコチのボロ会社の再建をやらされたことと、根津の関係で郷誠之助が主宰した「番町会」に出入りして、財界人として骨組をつくったこと。さらに帝人疑獄に連座して、政財界の内幕を身をもって知ったことなどがあげられる。

「酒はいいが、女はいかん」

三人目の「人生の師」は興銀三代目総裁の河上弘一である。

中山のアジト（?）のシャトー三田へいくと、まず目に入るのは、河上の小さな肖像画だ。安井曾太郎の絶筆で、未完の複製版だ。

中山が河上の思い出話をする時には、さながら親爺のことでも語るように表情がなごむ。

――ここへくる前に『河上弘一回想録』にざっと目を通してきましたが、河上さんの人間的影響がこんなにでているのかと驚きました。たとえば、こんなところです。「河上さんは、誰に対しても後輩や部下の前でも、必ず『さん』または『君』づけでよばれる。決して呼びすてにはしない。それは心から相手の人や部下の人格を尊重しているからだ」

中山 うん、全く、その通りです。

――素平さんもこの通りですネ。僕なども、はじめは「サン」づけでよばれるたびに狼にチンチンされているみたいで薄気味悪かったけど、今はやっとなじみましたよ。(笑)

また、こんな箇所もあります。

「人に用事を頼む時など、身分の隔たりがあればあるほど、懇切に用件を説明した。これは相手が目上の人間にはきき返しにくいだろうというところまで思いやっているわけで、頼んだ用事を誠実にやれば、たとえ間違った結果になっても、咎めるようなことはなかった」

これも素平さんそのものです。

「諧謔《かいぎゃく》、洒脱《しゃだつ》で、なかなか負け惜しみも強かった」――ズバリですネ。(笑)

中山 あなたがよくいう帝王学の第一の柱である「原理原則を教えてもらう師」であったわけです。

――河上さんのどこにのめり込まれたのですか。

中山　薔薇《ばら》のような方だといわれました。おだやかで、写真ひとつみても、口を真一文字に結んで、なんてのはないです。常に微笑をたたえておられた。

――お父さんの河上謹一さんの直筆である「唯一円満絶対最高無限」の座右銘と慈悲のシンボルである観音像を肌身離さずもっておられたそうですネ。

中山　そういう方ですから、怒るなんてことは、めったになかったのですが、私は二度だけ、怒られた場面を見たことがある。

――ほほう……。

中山　一つは、戦争中、私は人事部長をしていました。そのころ、蕨《わらび》にダンスホールがあって、うちの女子行員がアルバイトにダンサーをやっているという情報が入ってきた。当時、僕は三十そこそこで血気さかんです。「けしからん、馘《くび》だ」というわけで、総裁のところへ「免職を発令します」ともち込んだのです。

河上さんは逐一報告をきいて、「たしかに君のいう通りだ。けれどもネ、女の子は嫁に行かねばならんのだぜ。それが免職ということになれば、傷がついて、まとまる縁談もまとまらなくなるじゃないか。だから、依願退職にしてやれ」といわれた。

僕は〈この総裁、女の子に甘いな〉と思ったが、総裁のほうが、ずうっと位が上だから、いくら人事部長が「免職だ」といきまいても通るわけがない。（笑）それで、心ならずも妥協し

て「依願退職」にしました。(笑)

今にして思うと冷汗ものです。やはり、現在、私が河上さんの立場だったら、同じ措置を命じたでしょうネ。

――もう一つの場面というのは……。

中山 河上さんは企業の審査にいく連中に「酒は接待されてもいい。だが、女はいかん」といっておられた。酒席は、人間が最もよくでるところですから、経営者の人物を見る一つの場でもあるわけです。

――酒乱などというのは、それだけで社長の資格はないですネ、酒ぐせの悪いのは会社を潰します。また、人の勘定で女を抱くなどは人間としても最低ですネ、よくわかります。

中山 結城豊太郎さんが総裁のころ、結城さんの友人が関係している電力会社へ審査にいったことがある。審査部員は、例の「酒は呑んでもいいが」があったでしょう。どこかでご馳走になって帰ってきた。しかし、どう検討しても融資は無理なので、断ったんです。ところが、むこうは総裁の友人だし、貸してくれるのが当り前と思っているから、早速、文句をいいにきた。そのころ、河上さんが鑑定課長だったから、まず、そこへのり込んできて「お宅の審査担当者は酒色を強要しておいて、そのあげくに断った」と強談判《こわだんぱん》に及んだのです。たいていこういう場合は「じゃ、一度、調べておきましょう」とお茶を濁すのが普通のさばきかたなんですが、河上さんはいきなり立ち上がると、相手のネクタイをしめあげて、「おれの部下に、そんな奴は一人もいない。即刻、その一言をとり消せ。さもないと、このまま落してしまうぞ！」とどなられたんです。その情景を審査にいった当人たちが聞くでしょう。感激しますネ。勢い、河上さんのためなら、たとえ火の中、水の中でも、ということになりますでしょう。

己を知る者のために

一日、示して云《いわ》く。古人云く、「霧の中を行けば覚えざるに衣しめる」と。よき人に近づけば、覚えざるによき人となるなり。昔、倶胝和尚《ぐていおしょう》に仕へし一人の童子のごときは、何時、学し、何時、修したりとも見へず、覚へざれども、久参《きゅうさん》に近づきしに悟道す。座禅も自然に久しくせば、忽然《こつねん》として大事を発明して、座禅の正門《しょうもん》なることを知る時もあるべし。

——正法眼蔵随聞記《しょうぼうげんぞうずいもんき》

士ハ己ヲ知ル者ノタメニ死ス

中山素平の師の河上弘一の父は河上謹一である。明治三十二年、日銀の人事がこじれ、総裁とまっ正面から対立、連袂辞職した幹部数人のうちの一人であった。

その頃、住友の総理事は伊庭貞剛《いばさだたけ》だったが河上の人間そのものに惚れ込んで、これらの人物を住友に迎えた。

日銀総裁を相手に喧嘩をぶちあげたのだから、ある意味においては叛乱軍である。

その叛乱軍に門戸を開放したのだから、周囲の連中が心配して、「そんなことをやったのでは、住友が政府から忌憚《きたん》されるようなことになりはしまいか」と、しきりに忠告したが、伊庭は平然として「もし、これらの豪傑たちを野に放っておいたのでは政府も心配だろうが、しかし、住友が招聘《しょうへい》したとあれば、これほど安心なことはあるまい。また、わが住友にとっても、天下の人材を集めるには、今をおいてほかにない。実に絶好のチャンスだ」といい放ち、反対論には耳をかさなかった。「士ハ己ヲ知ル者ノタメニ死ス」というが、河上謹一を最もよく知っていたのは伊庭貞剛だったし、同時に、伊庭を最もよく理解していたのは河上謹一だった。

伊庭貞剛の伝記である『幽翁《ゆうおう》』を書いた西川正治郎が河上謹一に取材したとき、次のように伊庭の人間像を語っている。

> 伊庭翁は、普通にいわれているような事業家ではない。したがって、その伝記を書くとしたら、断じて区々たる事業誌であってはならない。例えば、翁が住友に遺した最も大きな功績の一つは、別子銅山の大改革だが、それすら、翁は少しも表面にあらわしてはいない。別子の争議は広瀬宰平翁に対する叛乱が原因だったが、その宰平翁と叔父甥の間柄である伊庭翁が紛争を処理するのはきわめて困難なことで、ま、普通の人間なら逃げ出すだろう。しかし、翁は人の最も難事とするところを進んでひき受け、大義、親を滅する覚悟でこれに当った。自分が犠牲になるのはいっこうに構わない、というのが翁の肚だった。

そうして、別子へ行ったのだが、反対派の首も切らねば、耳目を聳動《しょうどう》せしめるような異動も行わずに、かえって、因循姑息と思われるようなやり方で、着々と事を運び、とうとう大問題を解決して、大義、親を滅することなく、大改革をなし遂げた。だから、翁の功績は誰もしらないのだ。事務の改革は刀筆の吏でもやれる、敢えて翁を候《ま》つまでもない。翁のやった改革は実に精神の改革だったから、翁でなくては断じてできないことだった。そこに伝記の著者は目をつけなければならない。すべて、世の中の人は、こせこせとし、そのこせこせしたところで他人を月旦する。翁の人物は、そのような普通人の尺度では計ることはできない。

もともと、人物評論というのは、評論する側とされる側との、いわば格闘であり、双方の人格や識見の貸借対照表といっていいだろう。つまり、対象になる人物を評論しながら、結局は自分を評論することになるのである。

評論する側が、いかに対象人物に対する自分の好悪の情を殺し、客観的な事実を収集し、これを比較秤量《ひょうりょう》しながら、その人物の実像を伝えようとしても、所詮は、その評者の人生経験の深さ、世界観、読書歴、あるいは流した涙の量などによって、「人間像」が決定されてしまうのだ。

したがって、「人物論」が完成したその瞬間から、それを書いた人物の人間としての尺度が露呈するのである。

この観点からすれば、河上謹一の「伊庭貞剛論」は、実に見事に河上自身の人物論になっているのである。

『臨済録』を懐にして修羅場へのり込む

河上謹一が、それほど、ぞっこんに参った伊庭貞剛とはいかなる人物か。

住友財閥発祥の地、別子銅山で広瀬宰平の独裁に対して争議が起り、その鎮圧に伊庭貞剛が抜擢された。時に四十八歳。

広瀬宰平は伊庭貞剛の叔父であった。それだけに伊庭は叔父の長所も短所も知悉していた。だから、叔父宰平を攻撃する僚友たちの主張にも十分理解をもっていた。

それは当を得ていない面もあったが、傾聴すべき点も少なくはなかった。

情からすれば叔父の味方とならねばならぬし、社内からは当然、そう見られた。しかし、立場をかえれば、叔父と甥との関係だから僚友たちの正しい主張は叔父を説いて納得させることも当を失したことではない。

だが、伊庭貞剛は、そのどちらもとらなかった。

叔父の気性を知りすぎている伊庭は、たとい正しい主張で叔父を説得しても、かえって感情を害し、事態はますます紛糾することを見通していたからだ。

また、逆に叔父にかわって僚友たちを説いても、結果が同じことはわかりきっていた。

こうなっては、もはや、両方をいきつくところまでやらせるより他に手はない。だが、とことんまでいってしまったら、事業の荒廃は火をみるより明らかだ。

そういう矛盾の坩堝《るつぼ》の中へ伊庭貞剛はとび込んでいったのである。

命がけの仕事なので、出発に当って、妻子九人と年老いた母の将来を、心友であった天竜寺の峨山老漢に頼んだ。

峨山は、にこにこ笑いながら、「心配せずと行きなされ。骨はわしが拾って進ぜる」といった。

こうしていよいよ、明日出発という日に峨山がぶらりとやってきて、

「鉱山《やま》へいったら、何も読まんほうがええと思うが、もし読みたくなったら、これでも……」

と『臨済録』をさし出した。禅書のなかでも難解中の難解である。

新居浜行きの汽船のなかで、その古びた和とじの本をとり出すと、読むべき所と読まなくてもいい箇所とをいちいち区別し、読む必要のない所は峨山自らのかんじょうよりでとじてあった。

争議の原因は、前述したように叔父の広瀬宰平に対する弾劾運動だった。そこへ伊庭がのり込んできたのだから、「広瀬の甥が首きりに来た」というので、一層、空気は険悪となった。

間もなく、恒例の歓迎会がひらかれた。

会場には開宴前から殺気が漲り、満席の職員たちの顔は異様にひきつっていた。

銅の燭台を立て並べ、大蝋燭の灯は昼間のように明るく、盃は幾度か回ったけれども、誰一人うかれ出すものはいなかった。

そんな中を職員の一人が、つかつかと伊庭の前にでて、どっかとあぐらをかくと、「やい、支配人、鉱山の宴会は大阪と違って、ちと手荒いぜ。この燭台がいつでも飛ぶんやからな」と怒号した。

しかし、伊庭は、顔色一つかえなかった。

知恵も腕も通用しない時

新居浜の草庵に入った伊庭貞剛は『臨済録』と「散歩」と「謡曲」とを日課とした。

もちろん、気負いたった訪問者が、続々とつめかけてきた。

それらの連中が、どんなに脅かそうとしても脅されず、執拗にからんでも、いっこうにうるさがらず、帰れともいわなければ、追い出しもしなかった。そして、用事のない時には、うまずたゆまず、諄々と説得し、用事ができた場合には、さっさと用事にかかって少しも相手にこだわらなかった。

一方、毎日新居浜から鉱山へ、鉱山から新居浜へと草鞋《わらじ》ばきで往復し、坑内を丹念に訪れて、坑夫たちに出会うと「やあ、ご苦労さん」と挨拶した。

これは口さきや方便から出た挨拶ではなかった。坑夫たちの激しい労働を見て、心の底からほとばしり出た感謝の言葉だった。

伊庭は在任中、本店との連絡のために一度だけ大阪へ出たことがあった。その折、観世流謡曲の師匠、野間亀之助を新居浜へつれてきた。

それから、伊庭が鉱山からもどると、草庵から謡曲の声が流れるようになった。そして、やがて、その声の中へ、理事や職員たちの声が混じるようになった。

こうして五カ月目に、やっと、理事や職員たちが最も恐れていた人事異動が発表になった。が、それは問題の焦点にあった久保支配人の依願退職のみだった。

とにかく、一人の伊庭貞剛という人格に接しているうちに、鉱山《やま》の人心はいつの間にか鎮静し、さしもの騒動もおさまってしまったのである。

河上謹一は、それを評して「人格の力というものは、まことに不思議なものだ。世の中には、知恵でいかず、腕でもいかず、手のつけようのないことがたびたび起る。そういう場合には、これを救うのは、ただ人格の力以外にない」といいきっている。

伊庭貞剛の一言一句

思想とか、イデオロギーとかいっても、人間生活の中に発生し、人間生活を処理するための一つの方式なのだから、理論の面だけで正しくつかむことは難しい。いうなれば、これを最もよく具現した人物を通じてでないと、具体的に頭へ入ってこないのである。

その「人間と思想」が二つとも、凝結し、表現されているのは、人物の語録である。伊庭貞剛の伝記『幽翁』から語録を抽出してみよう。

■人間は病気の時と健康の時と、この二つの境界に処する工夫を究《きわ》めておかねばならぬ。

■盲判を押せないような書類なら、はじめから作らせぬがよい。そんな書類しか作れない部下なら、はじめから使わぬほうがよい。

■本当に重役が命がけの判を押さねばならぬのは、在職中にたった二度か、三度あるくらいのものだ。五度あれば多すぎる。この二度か、三度の判が立派に押せれば、会社から、どんなに厚い待遇を受けてもよいのだ。それ以外は盲判でさしつかえない。

■老人は少壮者の邪魔をしないようにするということが一番必要だ。事業の進歩発展を最も害するものは、青年の過失ではなくて老人の跋扈《ばっこ》である。

■心を安んずるは身を安んずるに如《し》くはなく、身を静かならしむるは、心を静かならしむるにまさるものはない。

■「晩成」は易く、「晩晴」は難い。「晩成」は「作《な》す」ことによって到り得べきも、「晩晴」は「為《な》る」ことによって開け来る境地である。

■人の仕事のうちで一番大切なことは、後継者を得ることと、後継者に仕事を引継がしむる時期を選ぶことである。これがあらゆる仕事中の大仕事で、後継者が若いといって、譲ることを躊躇するのは、おのれが死ぬということを知らぬものだ。

▦言葉は八分にとどめて、あとの二分はむこうで考えさせるがよい、わかる者にはいわずともわかる。わからぬ者には、いくらいってもわからぬ。

▦泣いて柩《ひつぎ》を送られるようでは、その徳いまだおおいなりとはいえない。

〈伊庭貞剛の母は九十七歳の長寿をもって永眠した。あたかも、それは時期がきて木の葉がことりと落ちるような穏やかな大往生だった。葬送には、孫、曾孫など血縁の人々が集まり、故人の寿を祝い、生前の徳をたたえ、式後の団欒、いつ果つべしとも見られなかったという〉

▦最高の位、最高の禄、これを受くれば久しく止まるべきではない。

▦因縁はまことに妙なものじゃ、因縁のある金はいくら掃きだすようにしていても入ってくる。

▦因縁がなければ、腹にくくりつけておいても、さっさと出ていってしまう。人もその通りだ、「どうかいてくれ」と頼んでも、出ていってしまうのも因縁。いくら追いだそうが、もどってくるのもまた因縁。

▦「一瓢長《とこしな》エニ酔ウテ、家、貧ナルニマカス」などというところに風流があると思っているようでは、風流も本物ではない。「富貴ニ素シテハ富貴ニ行ウ」というところまで至らなくてはなぁ。

杉浦重剛の人間学

この河上謹一は、伜の弘一を杉浦重剛の「稱好塾」に托した。

杉浦重剛と河上謹一とは、片や膳所《ぜぜ》藩、片や毛利藩の貢進生として大学南校で机を並べ、共に英国へ留学している仲であった。

ニーチェは「およそ、一人の人間がどういう人であるかを知るには、三つの挿話があれば十分である。自分は三つの挿話から、その人間が、どういう人であるかを明らかにすることができる」といっているが、この手法にしたがって、杉浦重剛の三つのエピソードを紹介しよう。

第一に「稱好塾」のいわれである。

中国後漢の末に司馬徽《しばき》という学者がいた。

いかなることにも「好々《はおはお》」（よしよし）というくせがあったが、友人の訃をしらされた時まで「好々」といったために、妻から「いくら何でも、お友達がおなくなりになりましたのに『好々』ではありますまい」とたしなめられると、「うん、御身のいうことも『好々』じゃ」と呵々大笑した。

ところが、三国志の英雄、劉備玄徳から、人材を求められると、「好々《はおはお》」といいながら鳳雛《ほうすう》と臥竜《がりよう》の二人の人物を推せんし、おかげで劉備は、よく蜀の王となり、天下に雄飛した。

杉浦重剛が家塾を設けて「稱好」と名づけたのは、実にこの故事から出ているのである。つまり、国家のために鳳雛、臥竜を育成しようという意図があったのである。

杉浦はよく「自然藷《じねんじょ》主義」ということを口にした。自然藷は末になるほど大きくなるからである。


一年ノ計ハ穀《こく》ヲ樹《う》ウルニ如《し》クハナシ。

十年ノ計ハ木ヲ樹《う》ウルニ如《し》クハナシ。

終身ノ計ハ人ヲ樹《う》ウルニ如《し》クハナシ。


管子《かんし》の名言である。

上にたてばたつほど、「人ヲ樹ウル」の計をもっておらなければならない。

太宰春台《だざいしゅんだい》の「産語《さんご》」にでてくるこんな話はどうか。

衛《えい》の君主が蒲という処へ出かけた時、一人の老人がせっせと松の苗を植えていた。何しろ、老人のことなので、一本植える度に疲れるらしく、ハアハアと肩で息をしていた。衛君《えいくん》はこれを見て、

「老父《ろうほ》罷《や》メヨ。汝《なんじ》、奚《なん》ゾ以テ苗松《びょうしょう》ヲ栽《う》ウルコトヲ為《な》スカ」

対《こた》エテ曰《いわ》ク「将《まさ》ニ以テ棟梁《とうりょう》（棟《むね》と梁《はり》）ト為サントス」

衛君曰ク「老父ノ年、幾何《いくばく》ナルカ」

曰ク「八十有五」

衛君笑ウテ曰ク「此ノ松、材ト成《な》ルベキモ、老父能《よ》ク之ヲ用インカ」

老父、栽《う》ウルヲ輟《や》メ、仰イデ衛君ヲ視《み》テ曰ク「樹木ハ用ヲ百年ノ後ニ待ツナリ。君以テ必ズ其ノ世ニ於《お》テ之ヲ用イント為スヤ。噫《ああ》、君ノ言、何ゾ、国ヲ有《も》ツ者ニ似ザルノ甚ダシキ。小人、老耄《ろうもう》シテ死ニ幾《ちか》シト雖《いえも》モ、独リ子孫ノ計ヲ為《な》サザランヤ」ト。

衛君、大イニ慙《は》ジ、謝シテ曰ク「寡人《われ》、過《あやま》テリ、請《こ》ウ、善言ヲ師トセン」ト。


第二に、人間教育の実践編である。

ある弟子が杉浦に「帝王学とは、一体、どんな学問ですか」と問うと、一言、「至誠の学問だ」と答え、吉田松陰の一文をつけ加えた。

至誠ニシテ動カザル者ハ未ダ之《これ》有《あ》ラザルナリ、吾、学問スルコト十年、齢《よわい》亦《また》而立《じりつ》〈三十歳〉、然《しか》ルニ未ダ斯《こ》ノ一語ヲ解スル能《あた》ワズ。

また「吝《けち》とはいかなることか」と聞かれた時、既に「喜怒哀楽の原理原則」の項で紹介したが、ずばりといいきっている。

己《おのれ》ニ倹ニシテ人ニ倹ナラズ。是ヲ愛トイウ。

己ニ倹ニシテ人ニ倹ナル。是ヲ倹トイウ。

己ニ倹ナラズ。人ニ倹ナル。是ヲ吝トイウ。

この吝がいかに障害になるかは孔子も指摘している。

モシ、周公ノ才《さい》ト美アルモ、驕《きょう》カツ吝《りん》ナラシメバ、ソノ余ハ観《み》ルニ足ラザルノミ。

名君、周公に比肩し得るような才能と権力があったとしても、驕慢になって、人を侮るような気持が毫釐《ごうりん》でもあったら、有為な人材は、その人のために心を尽くさぬだろうし、また、物を吝《おし》んで、与うべきものを与えないようでは民衆は力を尽くさぬだろうから、結局は何もやることはできない。

杉浦重剛は日本中学の校長室に河上謹一から贈られた「待人寛持身厳」(人ヲ待ツニ寛、身ヲ持スルニ厳)の掛軸をかけ、「杉浦は今、こうしてここにいるが、もし、ほんの僅かでも、自分の心に、この座右に背いて、これはいかん、と思うようなことがあれば、もはや、此処にはおられない」といった。

▦ 第三は、このコクのある片言隻句である。

「僕は十年ずつ年が上じゃと思って、健康に注意しとるんです。四十の時に五十じゃと思い、五十の時は六十じゃと思ってネ。今年は七十になったのじゃから、八十になったつもりでやっとるんです」

▦ 「勝海舟翁は、人に『現代の英傑は誰ですか』と尋ねられると、『そんなことをきくよりも、自分で豪傑になれ』といわれたそうじゃ。諸君も僕ばかりたよらないで、自分で豪傑になれ。なあに、できんことがあるものかい」

大正十二年、清浦枢密院議長から授爵奏請の内談があったが、杉浦はそれを辞退し「爵位などを子孫に残す愚はしたくない。好意があるなら、育英資金でも学校に寄附してもらったほうがありがたい」と近親者に洩らした。

以上、河上謹一についていろいろと書いてきたが、それは、河上弘一の人間形成には、父、謹一とその二人の心友、伊庭貞剛、杉浦重剛の風格が色濃く翳《かげ》を落し、それがそのまま、中山素平にひきつがれている事実を述べてみたかったまでのことである。

伝統的人物に学べ

神と対話せよ

GNP世界第2位。経済大国に成長した日本が、敗戦以来、いまだに満たされない空白が二つある。

一つは神との対決がないこと。

神を肯定するのも苦悩なら、神を否定するのも苦悩のはずである。にもかかわらず、その苦悩をぬきにして、簡単に神と妥協したり、神を捨てたりしている。

「神との安易な妥協」は新興宗教の氾濫がその一つのあらわれである。

アメリカの宗教学者、H・N・マックファーランドは、日本における新興宗教の分析を行い、それを一冊の本にまとめて『神々のラッシュ・アワー』と名づけた。

いかにも皮肉な題名だが、それはともかく、日本には大勢の神様がいて、その神々をいただく信者総数は、文化庁の資料によれば三千五百万を上まわっている。つまり、日本の総人口の三五パーセントが新興宗教に入っている計算になる。

「宗教が人生の終着駅であってどうしましょう。宗教こそは、実に人生の始発駅なんです」と吉川英治がいっていたが、宗教を肯定するにしても、否定するにしても、最低十年以上の心の闘いが必要のはずである。いや、一生の課題であってもいい。それだけの努力を重ねるに値する人生上の大問題であり、古今東西にわたって、人間はこれを追求してきた。

神は存在するか？　仏性はあるか？

人類はじまって以来の永久の問《とい》である。

その問をわれわれも一生に一度は真剣に問うてみる必要がある。というのは、それは同時に「人間とは何か？」との問であるからだ。

一方、「神の否定」は「無神論」の形で表明される。

経営者の中にも「私は無神論者だ」といいきる社長もいる。だが、よくきいてみると、宗教への無関心に発している場合が多い。

この「宗教への無関心」と「無神論」とは根本的に違うのである。

「宗教への無関心」は、単なる無智か、思想上の怠慢にすぎない。

真の「無神論」とは、神との永続的な対決の経験をもったうえでの「神の否定」でなければならないのである。

百冊の本より百人の人物に会え

もう一つの空白は理想的人間像の欠如である。

時代の典型として、人の心に深く刻みつけられるような人物が出てこなかったのも事実だが、反面、戦後の何年かは、「胃袋の時代」で、何でもかんでも食べて胃袋を満たすのに精いっぱいだった。

それが終ったと思ったら、今度は「高度経済成長の時代」に突入して、マネー・イズ・オールマイティの考え方が風靡し、人間は全く不在だった。しかし、ようやく、このごろになって、心の飢餓感にさいなまれはじめた日本人は、再び、理想的人間像の追求をやかましくいいはじめた。

「理想的人間像の追求」の方法の一つとして人物論がある。そして、その人物論は、社会が大きく変り、新しい人物が世の中の表面にうかびあがって世間の関心をひくようになった時に、盛んになる。

明治時代がそうだし、日本一の陽明学者、安岡正篤なども「乏しい自分の学問的経験からいっても、いわゆる指導理論とか、精神科学とかの講義はほとんど身にならなかったといっていい。それよりも、ひそかに熱する思いに駆られて、人物の研究に耽《ふけ》ったことが、一番、わが長を修め、識見を養い、交友の世界を造ってゆくうえに役立った」と述懐している。

また財界不倒翁といわれる日本化薬会長の原安三郎は「人物の研究には、第一に伝記を読むこと。第二に伝記的人物に会うこと」の二つを挙げている。

いわく「私は若い人たちに、人生行路の指針として先人の伝記にまさるものはない、と勧めている。伝記は学校教育からは得られぬ先人それぞれの工夫や努力の跡を生のままの形で、われわれに教えてくれる。海外ものでは、ジャン・ジャック・ルソーの『懺悔録《ざんげろく》』、クロポトキンの『ある革命家の思い出』、『フランクリン自伝』、『ミル自伝』など印象深いが、何よりも感銘を受けたのは、生前、親しくお目にかかったことのある雨宮敬次郎翁が還暦の時、自ら述べられた『過去六十年事蹟』という自話である」

さらに、伝記の読みかたとしては「学校を卒えて、社会へ出たあとの十年間を読めば十分である。生れは何処だとか、偉くなってからの自慢話はすてる。そして、現在できることか、できないことか、できることならやってみよう、という判断や反省をもちながら、自分を陶治してゆくことだ」という。

第二の「伝記的人物に会うこと」については、住友総理事だった小倉正恒に学んだ。

小倉正恒は『史記列伝』にでてくる「人間の精神気魄を養うには、名山大川を跋渉《ばっしょう》し、英雄豪傑の風格に接することだ」という一節に共鳴し、書生っぽ時代から高島嘉右衛門（銀の密輸で投獄され、獄中で『易経』二巻を読破して大悟し、出獄後は横浜貿易港を完成させ、高島町、嘉右衛門町の名を残した）や勝海舟など、その時代に聳え立っている人物を訪ねて歩いたうえに、剣と禅によって自己を練磨したので、歴代総理事の中でも出色の人物となった。

そのせいもあって言行録を見ても、「物は与えるか、与えないかの二つに一つだ。もし、与えるならば、もらった人が十分満足するように与えぬといけない。中途半端なことでは役にたたない」とか、「十年の謀《はかりごと》は樹を植うるにあり、百年の謀は徳を積むにあり」など、深いものがある。

原安三郎もまた早稲田大学在学中から、日曜日は腰弁で実業界の先輩を訪ねてまわったが、特に選んだ相手は、正規の学校教育を受けずに、独学独歩で成功をかちとった雨宮敬次郎、山本条太郎、田中銀之助などの人物で、そういう人物でなければ得られない貴重な教訓をきいてまわった。

大学をでて、人生のハイウェイを、まっすぐに登ってきた連中よりも、ジグザグ・コースを転々として、苦労を身につけた人物のほうがはるかに魅力があることは事実だ。ただし、忘れてならぬことは、同じ苦労をしても、悪くなる人間、きたなくなる人間も大勢いるということである。

その真贋《しんがん》を見分ける目を絶えず養っていなければならぬことは、いうまでもないが、そういう人物洞察力を身につけるには、より多くの人間にぶちあたって、真剣勝負をくり返すこと以外に方法はない。

時には贋ものをつかまされることもあろう。だが、この贋ものをつかんだということへの反省が、だんだん、鑑定眼を養っていくのである。

「つまらぬ本を百冊読むよりは、すぐれた本を百回読むほうが、はるかに為になる」といったアランの箴言を一ひねりして、小泉信三は「百冊の本を読むよりは百人の人間に会え」と説いている。

もちろん、その「百人の人間」とは、

〽酒をのむなら大丈夫《おとこ》とのみやれ
　十年かけた読書にまさる

というすぐれた人物のことである。

しかし「すぐれた人物」に接触することが自己練磨に有益だというくらいは誰しも考えることである。ただ、それを実践するか、否かが、ダメ人間か、飛躍する人間かの分れ道となる。

いかに昔のことで、万事に悠長な時代だったとはいえ、全く見ず知らずの白面の青年が、その時代に聳え立っている人物のところへのこのこと出かけていくのは、相当に強靱な意志力を要する。

多分、玄関払いなどは日常茶飯のことだろうが、それでもものおじせずに訪ねていくのは、かなり腹を据えてかからぬとできぬ芸当である。いうなれば、その意志力と裸のぶつかり稽古の持続とが、小倉正恒や原安三郎の人間的魅力をつくりあげたといっていいだろう。

中山素平の理想的人間像

興銀相談役、中山素平は二人の理想的人間像をもっている。

一人は、城山三郎の名作『落日燃ゆ』の主人公、広田弘毅であり、もう一人は『最後の海軍大臣』の米内光政である。

広田の師は、東大在学中から指導を受けていた山座円次郎で、小村寿太郎をたすけて日英同盟を成立させた陰の立役者であった。

その山座から、いろいろなことをたたき込まれた。

いわく「外務省に入った以上は最初少なくとも十年くらいは、外交の何ものであるかということを十分に研究して、決して、いたずらな気焔など吐くようなことをしてはいけない。これが非常に大切なことだ」

いわく「小村さん（寿太郎）は、決して日記をつけなかった。自分もそうだ。外交官は、自分の行ったことで後世の人たちに判断してもらう。それについて弁解めいたことはしないものだ」

いわく「外交官としては、表へでるような派手な仕事をして満足すべきではない。表には現われぬところで仕事をするのが外交官本来の任務なんだ」

これらの教訓は、後に鮮烈なる二つの事実となって刻印された。

A級戦犯として裁きの庭に立たされた時、広田は心中ひそかに決意した。

〈人間、喋れば、必ず、自己弁護が入る。結果として、他の誰かの非を挙げることになる。検察側が、それを待ち受けている以上、一切喋るまい〉

そして、それを実行した。

そんな広田に検事側は、とことん手こずらされた。

ネイサン次長の如きは「日本ギャングの知能テストでは、日本の国際的政治ギャングたちが二人の例外を除いて、アメリカのギャングたちに劣る。二人以外は、すべて検事の誘導訊問にひっかかった」とキーナン首席検事に報告している。

「その手ごわい例外とは誰か」と問われたのに対して、ネイサンは次のように答えている。

「東條英機と広田弘毅です。二人とも日記をつけていません。日記は継続を以て前提とします。したがって、死を覚悟した人間は日記をつけないものです。また、二人とも質問しない限り、決して答えません。これは、こちらが彼のかくしたい事実を知っていなければ絶対にひき出せないことを意味します」

さらに戦犯容疑者たちは、それぞれの手づるを探して弁護人の依頼にやっきとなったが、広田は「弁護士はいらない」といった。

「それでは裁判が成り立たず、他に迷惑をかけますよ」といさめられて、ようやくに承知した。

もう一つの事実は、十三階段を登るその日のことであった。

仏教学者の花山信勝が広田に面接して、

「歌か、あるいは詩か、感想か、何かありませんか」ときくと、「公人として仕事をして以来、自分のやったことが残っているから、いまさら、申し添えることもありません」と答えている。

あまりのそっけなさに花山が「でも、何か、御感想がありはしませんか」と重ねてきくと、

「何もありません。ただ自然に死んで……」とそこで言葉を消した。

花山が〈ここぞ！〉とばかりに「ほかに何か……」とくいさがると、広田は独白《ひとりごと》のようにつぶやいた。

「すべては無に帰す。それでいいじゃありませんか。いうべきことは言い、やるべきことはやって、そして、つとめを果たす。そういう人生を貫いてきた自分ですから、いまさら、何もいうことはありません」

花山は浄土真宗の僧侶だった。広田のこの境地は「禅によるものか」ときくと、広田は「禅に近い」と答えただけだった。

外交の原理原則

広田弘毅も中山素平も明治の人間である。明治の人間には、明治特有の骨太いものが一本通っている。

広田は外交官の先輩として、外相を三度つとめた西園寺公望《きんもち》からいわれたことがある。

「わたしは一つの処世哲学みたいなものをもっているんです。それを騎手にたとえて申すと、トットと馬を駈けさせて、障碍物をとび越えようとしますか……。調子がよければ、むろん、そのまま飛び越えます。しかし、馬が何かに驚いたり、足並みに狂いが生じた場合には、もう一度はじめからやり直すことにしています。外交交渉もこれによく似ています」

広田にとっては、思いもかけぬ西園寺の体温を感じさせる言葉であり、同時に外交の原理原則を教えられた思いがした。

やがて、この原理原則は、ソ連を相手にやった東支鉄道買収交渉に遺憾なく発揮された。帝人疑獄で斎藤内閣が倒れ、岡田啓介大将が後任の首相となった昭和九年のことである。

外務大臣に留任した広田は、絶望状態にあったこの問題に手をつけた。ソ連のいい値二億円に対して、満洲国側のつけ値が五千万円。金額に開きがありすぎたばかりでなく、買収そのものに内部の、特に軍関係から強硬な反対があった。

それを広田は根気よく説得してまわり、妥当な金額を一億二千万円と割り出して、やっと満洲国側に納得させた。ところが、今度はソ連大使のユレーネフがこの妥協案を蹴ってしまった。「ソ連は二億五千万円であったものを二億にしている。それを一億二千万円ではとてものめない」というのである。広田は「もう一度はじめからやり直す」必要に迫られた。つまり、満洲国側にさらに譲歩させねばならぬのだ。相手が軍部であり、譲歩を屈辱と感じている連中だけに、この折衝は厄介であった。

普通の外務大臣なら投げ出したであろうところを広田はねばりにねばった。その結果、「さらに二千万円を上積み、ただし三年払いとする」ということで満洲国側を承知させた。

このあと、広田はユレーネフに何度も会って、この案をのむよう熱心に説得した。結局、ユレーネフは、広田の根気に負けて、昭和十年三月、交渉は妥結、調印の運びとなったが、一年ちょっとの間に実に五十六回もの会談をくり返した成果であった。

問題は解決されるためにある

中山素平は「問題は解決されるために提出される。うまいまずいの違いはあるが、いろいろな人の力を借りれば、必ず片づく」という信念をもっている。

もう一歩掘りさげていえば、アメリカの社会心理学者キャントリルの言葉となる。

「科学者はある問題を解いたから『偉大である』といわれるのではなく、むしろ、彼自身によって解かれるにせよ、彼の後継者によって解かれるにせよ、それが解かれれば真の進歩が助長されるような問題を提出したことによって、科学者は『偉大である』といわれるのである」

それはともかく、この信念が見事に貫き通されたのは、新日鉄誕生の時で、経済評論家の羽間乙彦が次のように活写している。

八幡、富士勢の総参謀は中山素平である。彼は常に山田（精一、公取委員長）と接触し、山田の意中を慎重に読んだうえで、全力を挙げて説得につとめた。

山田は独禁法の建て前を崩さず、一歩も退かなかった。公取委員長としては当然の態度である。しかし、こうした折衝の過程で中山は独禁法の〝泣きどころ〟を見出し、そこに窮通の道を求め、一つ一つ、根気よく打開していった。いわば、中山は独禁法の建て前を尊重しつつ、合併成立への合法的な小路を根気よく辿っていき、ついにその壁を通り抜けたのである。

広田のねばりと中山のねばりとが酷似しているのに驚くのは、筆者ばかりではあるまい。

不遇の時の処世原則

中山素平と対談した折、最後の海軍大臣、米内光政が話題にのぼった。中山の理想的人間像の一人である。

米内光政の清貧

――米内光政のどこに最も魅かれるのですか。

中山　敗戦直後、陛下御自らが「降伏に反対する陸軍将校たちを説得してもよい」と仰せられたのを、陸軍大臣は「さようお願いしたい」と受けたのに対して、海軍大臣の米内さんは「そんなことをお上にお願いしなければならぬようでは、大臣たるの資格がないということだ。陸軍大臣が、どういうつもりでお受けしたか知らないが、海軍大臣としては、ご辞退申し上げる」と、きっぱりとお断り申し上げたところなど、普通の人間じゃやれませんよネ。また、五十年間勤めあげてきた帝国海軍の葬送の役を果たすのが、自分に課せられた使命であると観じて、医務局長に「自分の健康で大臣がつとまるか」ときいたうえで、最も困難で嫌なことの多い敗戦処理の東久邇内閣の海相に留任するくだりは涙がこぼれますネ。

――もう一カ所、共鳴したところがあるのじゃないですか。

中山 え？

――米内光政が清貧を貫いた点です。

海軍中将で佐世保鎮守府司令長官になったときです。海軍省首席副官の岩村清一宛に私信を出しています。「自分には約三千円の借金があるので、海軍義済会から金を借りられるよう配慮してほしい」という内容なんです。

中山 そうそう。佐世鎮長官の地位にあれば、部外の友人や知己からいくらでも借りられたし、金をつくろうと思えばやれぬこともないわけです。それを米内さんは一切やらずに義済会に借金を申し込んだ。中将では初めての例だったといいます。このため、大臣になってからも、毎月の俸給から義済会への返済を続けたのです。

――中山さんが興銀頭取から会長になるとき、借金で首がまわらず、その借金を返すために新たに借金をして、それを退職金に足して、どうにか急場をぬけた話をきいていますが、米内さんとよく似ていますネ。

中山 どうも、君は僕のことを貧乏だ、貧乏だ、といったり、書いたりするくせがある。

――清貧を強調するわけではないけど、経営者でも銅臭芬々《どうしゅうふんぷん》というのは頂けませんネ。同じ貧乏でも、その人に徳があれば清貧となり、徳がなければ赤貧となります。いくら粗末な着物をきて、洗い髪を束ねていても、美人はやはり美人なんです。いや、かえって、その洗い髪が一層、魅力をますことになるんじゃないですか。

中山 清貧の原則みたいなものがあるのですか。

―― 厳然としてあります。

貧モ羞ズルニ足ラズ。羞ズベキハ是レ貧ニシテ志ナキナリ。

財モ悪《にく》ムニ足ラズ。悪ムベキハ是レ財ニシテ能ナキナリ。

老モ歎ズルニ足ラズ。歎ズベキハ是レ老イテ空シク生キルナリ。

中山 私も、もう古稀を越えましたから、特に最後の文句をよくきいておきましょう。

権門、上に驕れども……

昭和四十八年秋、突然のオイル・ショックにつづく物資不足の混乱のなかで、各企業は一斉に「天、われに味方せり」とか「千載一遇のチャンス」とばかりに値上げを画策した。そのただなかにあって中山は「日本経済の非常事態に対処して、民間企業も来年いっぱい、いたずらな利潤追求や競争をやめるべきである」という警告を発した。

日本はエネルギーに限らず、食糧の自給率でも四割程度のものである。ということは、遅かれ早かれ、産油国の禁輸がなくても深刻な事態に直面せざるを得ないのだから、冷静に考えて、どう対処すべきかの具体案を練らねばならぬ時期にさしかかっていた。そこへオイル・ショックが一発ドカンときたために、心理的な要素も増幅されて、一種のパニック状態となった。「そういう時には、各企業の経営者は、企業の利益とか、自分の保身などはひとまず棚上げして、日本経済再建のために犠牲的精神を発揮しなければならない」というのが中山の趣旨だった。

これに対する反応は賛否両論、いや、非難ごうごうといったほうが適切だっただろう。しかも財界のリーダーを自任している連中の間からだった。だが、中山は一歩もひかなかった。「経営で適正な収益をあげることに最大の努力をすべきだというのは、その通りだ。と同時に、この異常な変化にどう対応するか、ということに経営者の大切な機能がある。コストが上がったら、ただちに製品価格を上げるようでは、経営者はその機能を十分に果たしているとはいえない」とまでいってのけた。

経営者たちは「頂門の一針」として、耳を傾けるべきであった。ところが、経済四団体の共同声明にまでもっていきながら、「総論賛成、各論反対」で、「素平の書生論」として、葬り去ってしまった。

その翌年、生産性本部主催の経営者会議に講師として呼ばれた中山は、当面する経済問題を縷々《るる》説明したあとで、「経済界には失望した」とポツリと一言いった。

石油価格が一挙に四倍にはね上がったのだから、当然、それにともなう新しい価格体系が生まれてくるので、そこへ最もスムーズに移行させるための中山提言だった。しかし先覚者、世に容れられず、常にマイノリティー（少数派）の悲哀を味わされるのが中山の身上でもある。

中山は五・一五事件の三上卓が作詞した「昭和維新の歌」のなかで、特に好きな一節がある。

権門、上《かみ》に驕《おご》れども、国を憂うる誠なく

財閥、富を誇れども、社稷《しゃしょく》を思う心なし

状勢が困難になってくればくるほど、かえって冷たく血が冴えかえってくる「冷たい情熱」の持ち主、中山が、ウルトラ・コンサバティブの青年将校の歌に共鳴するところが人間の面白さだし、ありていにいえば、「経済界に失望した」という表現の中には、この歌のもつ意味も含まれているのだ。

土地探しを断念した広田

米内光政の「清貧」については「対談」で述べたが、広田弘毅にもこんなエピソードがある。広田ははじめ鵠沼《くげぬま》（神奈川県藤沢市）に住んでいたが、家の近くを走る小田急の電車の音がうるさいので、どこか近くの別のところへ移ろうと土地を探した。さいわい、片瀬山に格好の土地が見つかった。だが、その地主が「広田さんなら、坪十円でいい」といったので、広田はとりやめにした。その辺りは坪十五、六円の評価ときいていたからだ。

広田は息子たちにいいきかせた。「政治家が土地を買うときには、よほど注意しなければいけない。時価より安かったら、絶対に買ってはいけない」

次に竜口寺《りゅうこう》の裏山に静かな土地が見つかったが、ただ、水道が通っていないのが難だった。すると、市が「広田閣下が住まわれるなら、すぐにでも水道をひきます」といってきた。広田は、それをきくとまた買うのをやめ、結局は土地探しを断念してしまった。

これもよく引き合いに出されるが、西郷南洲が征韓論に敗れて、故山へ帰ることになり、日本橋蠣殻町の邸を売りに出した。

買主があらわれて「今の相場では、お邸の一部だけでも二百五十円では買えません。そんな安い値段では頂載いたしかねます」というのを南洲は「わしは商人ではないから、一銭の利益も得ようとは思わぬ。元値で結構だ」といってムリヤリに引き取らせた。

現代の政治家たちに爪の垢でも煎じて飲ましてやりたいと思うのは筆者だけだろうか。

貧またここにいたって感激を生ず

中山素平の「清貧」ぶりについては、人物評論家の草柳大蔵がいきいきと語っている。

「中山についての傑作なエピソードは、四十年以上も銀行づとめをしているのに、財産運用はからっきし下手だということである。興銀の頭取をつとめながら、別荘ひとつ持っていない。仏像や茶器に名品があるともきかない。それどころか、昭和二十八年、開銀理事として出向するとき、中山は興銀からもらった退職金をすっかり『前借り』の清算につかってしまい、ある人に『この借金のためにも開銀へゆかざるをえないのですよ』と語ったそうだ。その借金は、ほとんど彼自身のものではなく、外地から引き揚げてきた同級生の転業資金とか、選挙に立候補した友人へのカンパとかで、あるときは民族運動をやっている藤村又彦のために月給袋をそっくり渡してしまい、妻の久子から『うちはどうやって暮らすのよ』と叱られたという。その時、中山はご丁寧にも、カボチャを五つ、六つ担いで帰り、それでまた余計怒られたという」

興銀の頭取、会長といえば、その気になれば、別荘の二つや三つ持っておかしくないポストである。しかし、それを「貧またここにいたって感激を生ず」（勝海舟）というほど極端ではないにしても、清貧の上に悠然と胡座《あぐら》をかいている図はなかなかの風情である。

広田も米内も中山も、共通していえることは貧乏ではあっても、いっこう貧乏くさくないところであり、そこが、えもいわれぬ魅力である。

「流るるままに」の真意

中山は「人生観」を問われたり、揮毫を頼まれると、めったに筆をとることはないが、それでも気がむいた時には「流るるままに」と、あまり流れていない字で書く。

中山の卒論は「景気変動理論における金融中心説の一考察」という硬いものだが、その巻頭にシェイクスピアを引用した。

「人々の運命には満潮と干潮とがあり、この潮勢を機敏に捉えうるもののみ、能《よ》く幸福の彼岸に達する」

「流るるままに」といっても、無為無策のまま、だらだらと流されていくことではない。いうなれば、武道における自然体で、満潮の時には、その勢いに乗じ、干潮の時にはあせらず、静かに時を待つという姿勢である。

奇しくも、この中山と同工異曲のことを社長就任に際していったのは、リコーの大植武士だった。

「勢いに乗るコツを掴むことは難しい。それは運を引っ張ってくることである。世の中には、今日いえば悪い結果をもたらすが、明日いえばうまくいく、といった何かがある。この運をうまく掴まえるパターンはないが、だから企業経営は面白いともいえる。リコーは振幅は大きいが、ついている会社だ。経営者というものは運を引っ張ってこなければダメだと思う」

極端にいえば、悪運でも何でもいいから、運の強い人物をトップにもっていないと、その会社は危なくなる。

その点を史実に基づいて指摘しているのは司馬遼太郎で、『坂の上の雲』の中で東郷と乃木を比較してこう書いている。

戦争というのは、国家がやる血みどろの賭博《とばく》であるとするなら、将軍というのは、その賭博を代行する『血の勝負師』であらねばならない。

当然、天性、勝負運の憑《つ》いた男でなければならない。賭博の技術は参謀がやるにしても、運を貸すのは将軍でなければならない。

海軍大臣の山本権兵衛は、連合艦隊司令長官を選ぶにあたって、何人かの提督のなかから、最も名声がなく、しかも舞鶴鎮守府司令長官という閑職にいた東郷平八郎を選び、明治帝から、その理由を下問されたとき、「この男は、若いころから運のよかった男でございますので」と答えた。

山本は戦争とその執行者というものが、どういうものであるかを知りぬいていたのだった。

乃木はその点、あくまでも憑いていない男であった。彼に与えられた最初の参謀長は誰もが唖然とするほどにその任にふさわしくない男であったし、次に総司令部がやった乃木軍司令部の大異動で赴任してきた小泉正保は、まだ一発の弾も撃たず、敵の顔も見ず、集結地にすら着いていない汽車のなかで墜落事故を起してしまった。夜中に用便に出て、うっかりデッキから飛び降りたのだった。

風車風の吹くまで昼寝かな

強い運、弱い運といっても、特に運命に恵まれざる時の処し方は難しい。

ゲーテの畏友、M・フォン・クリンゲルは「まことの人は、彼の義務が要請する時と場合においてのみ、巷間の舞台に現れねばならぬが、その他では、一個の隠者《いんじゃ》として、彼の家族の中に、わずかな友人とともに、また、彼の書籍の間に、精神の風土に生活しなければならぬ」といっていると書いたが、中山の好きな広田弘毅も「自らのために計らわず」を生活信条とし、「外務省の三人の大臣」と、その実力を評価されながらも、幣原喜重郎のためにオランダ公使に左遷されたときは「風車風の吹くまで昼寝かな」と一句に心境を託した。

城山三郎の『落日燃ゆ』は、そのオランダ時代の広田を次のように描いている。

広田は好きな柔道のできない分を毎朝「柔道踊り」でカバーしている形であった。体操のあと、広田はゆっくり朝風呂へ入る。白い陶器の洋式バス・タブに熱湯を貯めただけの風呂は「朝風呂」という語感には遠かったが、それでも風呂好きの広田には、その「朝風呂」なしでは一日がはじまらなかった。そしてハウスキーパーのつくった朝食をとり、『ロンドン・タイムス』を読んでから、楡《エルム》や菩提樹《リンデン》の緑の陰の濃い道を歩いて公使館へ出勤する。正午には、また、その道を歩き官邸にもどって、サンドイッチにコーヒーといった簡単な昼食。オランダでは、普通、昼休みを二時間とるため、広田も長椅子でそのあと半時間ほど、うとうとする。三十分の「昼寝かな」である。午後も歩いて出勤。夕方、公使館を出てからは、運河沿いに街を歩いたり、あるいはドライブに出かけた。

一方、広田は「小国ながら世界を制覇したこともあるオランダ。この国の発展の秘密はどこにあったか。また、第一次世界大戦で中立を守りぬいた小国としての生きる知恵を学びとりたい」と思った。

このため、広田は英語版の書籍や雑誌だけを読んで満足するのではなく、オランダ語の新聞雑誌や資料も読むため、オランダ外務省を退職した老人を特別に雇い、毎日の新聞のめぼしい論説や解説はすべて翻訳させ、あるいは、〈これは！〉と思う資料を調べさせたり、問題の周辺を探らせたりして、読書に飽きることがなかった。

そして、一日の読書の終りに、中学時代から愛蔵してきた和綴じの『論語』を心静かにベッドで読むのが日課だった。

問題を出すのが答だ

中国語に「没法子《めいふあず》」という言葉がある。

日本では、これを「もうダメだ。仕方ない」とあきらめることだと思っている。ところが、中国では、そんな風には使わないで「仕方がない、よし、やり直しだ」という時の言葉である。

All ways to begin, don't grieve to end.

終ることを悲しまず、終ることは即ち始まることだ、というからっとして明るく能動的かつ積極的なものが「没法子」の内容であるが、中山のいう「流るるままに」にも、そういう二律背反的な深い意味が含まれているのである。

だから、中山は「若い人などから悩みごとを相談されると、私は『君たちだって、今までにいろいろな問題が片づいていなければ、今ごろは自殺しているだろう。片づいているからこそこうして生きているんだ』という。失恋、病気、家庭のトラブル、仕事上の問題など、どんな難問でも解決され、片づくものだ。しかし、大事なのは、それらの問題に処する取り組み方、心構えだ」といい、「ベルグソンではないが『問題を出すことが一番大事だ。問題をうまく出せば、それが答だ』という。これは味わうべき箴言だ」という。

中山の死生観

中山素平と滋賀の大池寺に遊んだ折、襖に書いてあった「生死事大　無常迅速　光陰可惜時不待人」を指して、「君、これわかるか」といった。

訓《よ》むくらいのことは何でもないし、字面《じづら》の意味も難しいことではない。

だが、中山素平がきいたのは、そんなことではなくて「死生観」について問うたのである。

それこそ「生死事大」で答えようもない。こういう時は逆襲するに限る。

「そういえば、今まで、死生観については、一度もきいたことがないですネ」

中山は一瞬たじろいだが、それでも淡々として語った。

「石坂泰三さんのように、あれほど達観しておられた方でも、土壇場になると、〈死にたくない〉ということだよネ。まして、僕なんか、凡人だから、現実に死と直面したら、とり乱すかもしれないけど、現在只今は、こう思っている。僕の両親はずいぶんと早死にしているのでネ、僕はその両親の寿命をもらって長生きしているのじゃないか。それと、ある意味では、僕の能力からすれば、すぎるくらいのことを一応してきたわけだから、もうお役は済んだということで、ぼつぼつ老計というか、つまり晩年の設計に入るつもりだ。そして、その『老計』の間に『死計』を考えているんだがネ」

「『死計』とは何ですか」ときいたら、

「死ぬハカリゴト。いうなれば死生観の確立ということだよ」と答えた。

「ただ、僕は意気地《いくじ》がないから、癌で苦しんで死ぬのは嫌だな。だから、親しい医者に『君、そのときは黙って一服盛《も》ってくれ』と頼んである。ま、死自体は、やることは大体やったんだから、ということで覚悟はできているつもりなんだけど……」とつけたした。

人生に五計あり

「老計」とか「死計」とかいうのは、「人生の五計」のなかの一つだが、それは、次の五つの計である。

第一は「生計」。われ、いかに生くべきか。普通、生計というと「暮らし」の意味だが、ここでは、もっと本質的な問題。

第二は「身計」。いかに身を立てるか。自分の社会生活のあり方である。

第三は「家計」。家庭をいかに営み、維持してゆくか。

第四は「老計」。いかに年をとるか。

「美シク死ヌノハ、サホドムツカシイコトデハナイ。シカシ、美シク老イルコトハ至難ノ業《わざ》ダ」（アンドレ・ジッド）

第五は「死計」。いかに死すべきか。死を見ること帰するが如し。ここまでいけば「死計」の確立といえよう。

この五計を要約すれば、結局、第一の「生計」つまり「いかに生きるか」に尽きるが、人間である以上、老いれば、その延長線上に死が待っているのは当り前のことである。しかし、この当り前のことを忘れさせる老人というものは意外に少ないものだ。

たしかに〈いつまでも生きていてほしい〉と願う人は大勢いる。が、〈あの人が死ぬことはないだろう〉と、年齢も老境も全く意識させない人は実に寥々《りょうりょう》たるものだ。

中山素平は、その寥々たる中の一人である。

第二章
直言してくれる側近をもつこと

側近登用の原則

トップにつきまとう孤独感

帝王学の第一の柱、「原理原則を教えてもらう師」にいささか紙数をついやしすぎたようだが、それが帝王学の要《かなめ》中の要であるからである。ついで、第二の柱、「直言してくれる側近」に入ろう。

かつて、佐藤栄作が総理在任中、御用始めの日に伊勢神宮に詣で、随行記者団から「何を祈ったのか」ときかれた時、「総理大臣として胸中をうちあける人もなくなったので神様に訴えたのさ」と笑って答えた。

そもそも、首相とか、社長というトップの座につくと、深刻な孤独感に襲われる。

大衆の前に立つときは身構えた「自分」がものをいうけれども、ひとりになった時にはひどい寂寥《せきりょう》を感ずるものらしい。

大ナポレオンは、腹にできたタムシがかゆくて、ひとりになると、子供のように泣きべそをかいた。従卒が〈これが英雄か〉としばしば怪しむほどの狂態を示すこともあったという。そこから「召使いの前に英雄はない」という箴言まで生れた。

既に亡いが、日本碍子《がいし》の野淵三治が社長になって間もなく、老妓の口ずさむ小唄に涙をこぼしたのには驚いた。

〽身の冬の　とどのつまりは湯豆腐の　あわれ火かげん　うきかげん　月はかくれて雨となり　雨また雪と　なりしかな　しょせん　この世はひとりなり　泣くも笑うも　泣くも笑うも　ひとりなり

久保田万太郎の作詞だが、あのむくつけき快男子、野淵が「芸の巧拙よりも歌の心が身にしみた」としみじみ述懐した。

また、駿河銀行の岡野喜一郎が頭取になったとき、「ルーズベルトだったたか、アメリカの大統領になってホワイトハウスの前に立ち、『ここより中は孤独の部屋だ』といった有名な話があるけど、いよいよ、これから、頭取として厳しい孤独にさらされるわけだネ」といったら、「トップが孤独だということは、はじめからわかっていることなんで、もし、孤独を恐れるなら、トップの座につかねばいいのだ」と見事にいいきった。

毛沢東の「醒めた眼」

「孤独は、すべてすぐれた人物に課せられた運命だ」とはショーペンハウェルの名言だが、革命家、毛沢東にもこんなエピソードがある。

一九六四年、『中国の赤い星』の著者、エドガー・スノーが招かれて第二回目の中国訪問をした時のことである。あたかも国慶節の日で、毛沢東の傍らで「大行進」を眺めていたスノーは、この国家主席という席にある最高権力者が、なにやら浮かぬ顔をしているのに気づいた。

「どうか、なさったのですか？」

群衆はプラカードを高くかかげ、歓声をあげながら、次々とその前を通り過ぎて行く。それを眺めつつ、毛沢東はつぶやくようにいった。

「あの群衆を大別すると三つになる。第一は忠実な毛沢東主義者だ。第二は、皆がそうするから自分もそうするという迎合派だ。そして第三は、表面をいかに装っていても、その内実は、まぎれもない反毛主義者だ」

このエピソードは、革命家の「醒めた眼」と同時に、心にある「孤独の寂寥」を伝えているが、少なくとも、トップになるほどの人間は、この二つを持ち合わせていないといけない。

中国歴史の入門書、『十八史略』の冒頭の一文がいい。


堯帝、天下ヲ治ムルコト五十年。天下、治マルカ、治マラザルカ。億兆《おくちょう》、己《おのれ》ヲ戴《いただ》クコトヲ願ウカ、己ヲ戴クコトヲ願ワザルカヲ知ラズ。在野ニ問エドモ知ラズ、乃《すなわ》チ、微服《びふく》シテ康衢《こうく》ニ遊ブ。

童謡ヲ聞クニ曰《いわ》ク「我ガ蒸民《じょうみん》ヲ立ツルハ、爾《なんじ》ノ極ニ匪《あらざ》ル莫《な》シ。識《し》ラズ、知ラズ、帝ノ則《のり》ニ順《したが》ウ」ト。老人アリ。哺《ほ》ヲ含ミ、腹ヲ鼓《つづみう》チ、壌《つち》ヲ撃《う》チテ歌イテ曰ク「日出デテ作シ、日入リテ息《いこ》ウ、井《せい》ヲ鑿《うが》チテ飲《の》ミ、田ヲ耕《たがや》シテ食ウ。帝力、何ゾ、我ニアランヤ」ト。

堯帝は天下を治めること五十年に及んだが、ある日ふと考えた。

〈自分はこうして、懸命に政治をやっているつもりだが、はたして、現実に政治がうまくいっているか、どうか。また、民たちが自分を上に戴くことを心から喜んでいるか、どうか。下手をすると、自分の知らぬところで、政治が空転しているのではないか〉

左右の重臣たちに尋ねてみたが、いっこうに要領を得ないので、直接、行政を担当している官僚たちを呼び出してきいてみたが、彼らも実態がわからない。民間の有識者なら、民と接触しているから、よくわかるだろうと質問してみたが、小首をかしげるばかりだった。

こうなっては、堯帝自らが、人民の中へ飛び込んでいって調べる以外に手はない。

意を決した堯帝がおしのびで市井の雑踏にまぎれ込んでいくと、子供たちがはやしたてているのにぶつかった。

皆の暮らしが楽なのは
わが堯さまのおかげです

頭を悩ますこともなく
おんみちびきのおんままに

無心にうたう童たちの唄に、〈ま、これなら、あながち空転しているわけでもあるまい〉と胸の奥深くうなずきつつ、さらに人ごみの中へわけ入っていくと、今度は、ひとりの老人が、何かを食べながら、便々たる太鼓腹をたたいて、足拍子をとりながら、大声でうたっているのにぶつかった。

お日様があれば　野良仕事
お日様沈めば　帰りましょ
そこらに井戸掘りゃ　水は湧く
黙って耕しゃ　米がなる
天子様のお力なんぞ
わしらにゃ　縁のないことさ

たぶん、堯帝は心中深くうなずいたことだろう。

大臣にも一等から六等まである

蛇の目ミシン工業相談役の嶋田卓彌が「トップというものは兜みたいに重くてはいけない。かぶっているのか、かぶっていないのか、部下がわからんくらいが最高だ」と喝破しているのは、まさに「帝力、何ゾ、我ニアランヤ」であるが、明末の碩学にしてすぐれた政治家だった呂新吾が、その著『呻吟語』のなかで、大臣を六等分している。

第一等の人物は「寛厚深沈。遠識兼照。福ヲ無形ニ造シ、禍ヲ未然ニ消シ、智名勇功ナクシテ、天下、陰ニソノ賜ヲ受ク」

全く、私心がなく、作為というものがない。あたかも、人間が日光に浴し、空気を吸い、水を飲みながら、これを意識しないと同じように、何とはなしに人々を幸福にし、禍はいまだ来らざるうちに消してしまう。といって「頭がすごく切れる」とか、「勇気がある人だ」とかいう評判とか、「大変な手柄をたてた」というようなこともなく、知らず知らずのうちに人民がそのお陰を受ける。とにかく、いるかいないのか、わからぬような存在でも、人民は無事太平を楽しんでおられる。こういう大臣が第一等には違いないが、なかなか、そんな人物は得られない。そこで、第二等の人物は、ということになる。

第二等の人物は「剛明、事ニ任ジ、慷慨敢テ言イ、国ヲ愛スルコト家ノ如ク、時ヲ憂ウルコト病ノ如クニシテ、太《はなは》ダ鋒芒《ほうぼう》ヲ露《あらわ》スコトヲ免レズ。得失、相半《あいなか》バス」

いかにもしっかりしていて、テキパキと問題に取り組んでいく。剛直、直言、まっすぐに堂々と本当のことが議論できる。したがって、やや叡知や気概が露出して、時には物議をかもしたり、反発、抵抗を招く。しかし、いかなる障害があろうとも、敢然として主張すべきは主張し、やるべきことはビシビシやってのける。

現代日本に最もほしいのは、こういう大臣である。

第三等の人物は「安静、時ヲ逐《お》イ、動《やや》モスレバ故事ニ循《したが》ッテ、利モ興ス能ワズ。害モ除ク能ワズ」

ひたすら、事なかれ主義である。悪いことはもちろんやらぬが、さりとて善も進んでやらない、安全第一主義の人間。面白味は全然ないが、安全なことはたしかである。

第四等の人物は「禄《ろく》ヲ持シ、望ヲ養イ、身ヲ保チ、寵《ちょう》ヲ固メ、国家ノ安危モ略《ほぼ》、懐《こころ》ニ介セズ」

特に私利私欲をほしいままにして悪いことをするというのではないが、とにかく、自分の地位、身分、俸禄を守るのに汲々としている人物。「国家ノ安危モ略《ほぼ》、懐《こころ》ニ介セズ」は、口では天下だの、人民だのというけれども、実際は、自分のことしか頭にない。しかし、進んで悪いことはしないのが唯一の取柄である。

第五等の人物は「功ヲ貪《むさぼ》リ、衅《きん》〈ちぬる。あらそい〉ヲ啓《ひら》キ、寵《ちょう》ヲ怙《たの》ミ、威ヲ張リ、是ニ愎《もと》リ、情ニ任セ、国政ヲ撓《どうらん》他ス」

権勢に乗じて、野望を逞しくし、自分に組する人間だけを用い、そうでない人間を排斥する。我欲、私心の塊で、公儀を無視し、国政を乱してはばからない。

孔子が実力者、少正卯《しょうせいぼう》を誅する時、二の足を踏む門弟たちを「人には許せる欠点と許せない欠点とがある。許せる欠点はさて措くとしても、どうしても許せない五悪がある。その五悪を少正卯は悉《ことごと》く備えているのだ。これを誅しなければ、国そのものが危うくなる」と叱咤し、その五悪を列挙した。

一、万事に手ぬかりがなく、何くわぬ顔をして、陰険で恐ろしい手を打ってくる。

二、やることが公正でなく、僻《へき》していながら、表面的にはうまく公正をとりつくろい、いかにもしっかりしている。

三、嘘八百を並べたてているのに、いかにも弁が立って、真実らしく聞こえる。

四、悪党のくせに、いや悪党だからというべきかもしれない、ものごとをよく記憶していて、おまけに博識である。

五、あくどいことをやる反面、多くの人に恩恵を施している。

いわば、小正卯のようなのが、この第五等の人物であろう。

第六等の人物は「奸険、凶淫、煽虐《せんぎやく》、肆毒《しどく》、善類ヲ賊傷シ、君心ヲ蠱惑《こわく》シ、国家ノ命脈ヲ断ジ、四海ノ人望ヲ失ウ」

野望をほしいままにし、天下に動乱を起す破壊的人物。これが最下等の大臣である。

国を亡ぼした側近

側近、趙高《ちょうこう》に誤られたあげく、その趙高に殺害され、秦を滅亡せしめた二世皇帝、胡亥《こがい》は、権力と側近とが、いかに人間をダメにしてしまうかを示すティピカルな実例である。

反乱を起した趙高の軍が胡亥の御座所の帳《とばり》に矢を射かけた。あわくった胡亥は侍臣たちを大声あげて呼んだが、おそれおののくばかりで、剣をとって戦おうとする者は一人もいない。それでも、たった一人の宦官《かんがん》が胡亥の後をついてきた。しかし、事、ここにいたっては、どうすることもできない。追いつめられた胡亥は悲鳴に近い声で宦官をなじった。

「公、ナンゾハヤク我ニ告ゲザル」〈こんな事態になる前に、なぜ、もっと早く、真相を予に教えてはくれなかったのか〉

すると、宦官が、おそるおそる答えた。

「臣、敢テ言ワズ。故ニ全キヲ得タリ。臣ヲシテ早ク言ワシムレバ、皆、スデニ誅セラレン。イズクンゾ今ニ至ルコトヲ得ン」〈とても恐ろしくて真相など申し上げられませんでした。だからこそ今日まで命をながらえたのでございます。もし申し上げておれば陛下の逆鱗《げきりん》に触れて、とっくの昔に処刑されていたことでございましょう〉

結局、胡亥はここで自殺させられるが、それまでに趙高は、君主を骨ぬきにするために、あらゆる陰険な手段を弄した。

たとえば、自分に盾つく奴がいるか、いないかをテストするために、鹿を胡亥に献上して「これは馬でござります」といった。いくら馬鹿な胡亥でも、鹿と馬くらいの区別はわかるから、「鹿を馬とは、丞相、間違っているぞ」とわめいた。

ところが趙高は、大真面目な顔をして、「いや、馬でござりまする。お疑いでしたら、ひとつ、左右の者に御下問遊ばせ」と答えた。

「ほう……ではきこう。そのほうらは、これを馬とみるか、鹿とみるか」

胡亥は廷臣の一人一人にきいた。

「馬だ」と答えた者もいたし、「鹿だ」という者もあった。黙っている者もいた。

趙高は、その答えを部下に記録させておいて、正直に「鹿です」といった連中を、一人一人、難くせをつけて処分してしまった。

こんな馬鹿げたことをやっていては、社稷《しゃしょく》が保てるわけがない。始皇帝が築きあげた富国強兵の秦も、瞬く間に崩壊してしまった。

権力の座に近づけば近づくほど、また、長くおれば長くおるほど、人間がおかしくなってくることがわかってもらえれば、十分である。

「電力の鬼」といわれた松永安左ェ門が痛烈なことを書き残している。

「友情にも、一期、二期、三期と四季みたいなものがある。第一期の青年時代には、互いに前途の希望を語り、おのおの成功を期して助け合い、励まし合うようにする。つまり、その頃は相手の弱点をつつかず、長所を長所として自覚するようにつとめることだ。第二期、四十から五十の壮年時代に入ると、仕掛けた仕事にも目鼻がつき、成功の域に近づいたときだから、今度は欠点や短所を遠慮なく戒め合い、仕事のやり方も厳正に批判する。ところが、第三期の老境に入ると、不思議と皆からほめられたくなる。このため、近づく連中は、ことごとく甘言を呈するようになるし、そうでない者は遠ざけてしまう驕《おご》りたかぶった気持になる。そこで、最も必要になってくるのが、真実の苦言を呈してくれる友人知己である。これがないと全く危ない。シーザーもナポレオンも豊太閤も、晩年において失敗しているのは、諫言の友がいなかったからである」

「老醜」がわからなくなった時が「老醜」

ある財界人が周囲に煽《おだ》てられて銅像を建てる気になった。

文明評論家の中野好夫ではないが、「自然のままに繋り、自然のままにうつろう。そして後はひっそりと消える。自然こそは美しく老い、そして美しく死ぬことを最もよく訓《おし》えてくれている。それだけに死後にまで、ものものしい銅像だの、記念碑だのを乱立させるのは、要するに金クソ、瓦礫の山を築いているだけの業にしかすぎまい。それも故人になってからならまだしも、生きながらの金クソにいたっては、むしろ、あわれである」

しかし、この財界人の銅像への執着は強かった。いてもたってもおられなくなった側近が、

「何とか、やめさせる方法はないか」と泣き込んできたので、「じゃ、俺が一文を書くから、それを会長にみせてやれ」といってアランの箴言を解説した。

「青年ハ恋愛ヲ欲シガリ、壮年ハ地位ヲ欲シガリ、老年ハ貪欲《どんよく》ニナッテ、地位モ金モ名誉モスベテ欲シガル」のである。たしかに、疾風怒涛の青春時代は恋こそがすべてである。そこには打算の一かけらもない。人は「盲目の恋」と笑っても、恋は盲目なればこそロマンがあり、命がある。それが青春の午後——壮年にさしかかると、人間もだんだん現実的になってきて、さまざまな野望が頭をもちあげてくる。

もちろん、野望が悪いわけではない。『葉隠』にも「名利《みようり》を思うは武士にあらず、名利を思わざるも武士にあらず」とあるように、名利、つまり自分の名声や地位だけを求めるのは武士の本分に反することで嘆かわしいことだけど、といって、全く立身出世を求めないのも武士として嘆かわしいことである。というのは、地位が上がれば、それだけ大きな仕事ができるからで、少しでも立派な仕事を実現したいと思ったら、それにふさわしい地位を求めるのが当然である。

だが、その地位は、人間が人間を支配する力のシンボルであり、別名を権力という。しかも、その権力はPoison of Power〈権力の毒〉という言葉があるくらい、人間を麻痺させ、堕落させる。さらに皮肉なことには、この権力は塩水のように飲めば飲むほど渇いてくる。得れば得るほど、やすらぎが去り、不安と焦燥が後から後から押しかけてくるのだ。

銅像といわず、墓などを見ても、位階勲等や生前の栄職などをでかでかと刻み込んであるのを見るとげんなりする。あれは死んだ人間よりも、むしろ後に残っている家族の世間的虚栄心の凝結したものだろうが、死者のためには心なき仕打ちである。死ぬということは、人間の利害得失や是非善悪の一切から脱出して、天地の巨室に永眠することではないのか。そこへわざわざ、正何位勲何等前何々などと刻み込まれてはやりきれない。それよりも、せいぜい、「アルツール・ショーペンハウェルの墓」とするだけのほうが好もしい。

会長にぜひ、読んでもらいたい一節がある。それは松浦静山の『甲子夜話《かっしやわ》』に出てくる「跡なき工夫」である。

雲——大事を做《な》し出すもの、必ず、跡あるべからず。跡ある時は、禍《わざわい》必ず生ず。跡なき工夫如何。功名を喜ぶの心なくして做《な》し得べし。〈跡とは、何かを行った後に残るしるし。大事をやった後に、そういう形跡があってはならない。跡があると、必ず禍が生ずる。では、どうしたらいいか。それは功名を喜ぶ心を捨てて、無心にやったら、できることでしょうか〉

水——是《これ》も亦是《またぜ》なり。功名を喜ぶの心なきは、学問の工夫を積まざれば出まじ、周公の事業さえ、男児分涯のこととする程の量にて、はじめて跡なきようにやるべし。然らざれば跡なき工夫、黄老清浄の道の如くなって、真の道とはなるまじ。細思商量。〈お説の通りです。そのためには、よほど学問をしなければなりません。千年王国を築いた周公の事跡も男一匹の仕事とするくらいの度量があって、はじめて跡のないようにやれましょう。そうでなければ、いわゆる老子流のニヒリズムになってしまって、真の道とはなりません。特に綿密に思索し、徹底的に検討されたい〉

自民党参議院議員の夏目忠雄は「父不記。子不伝」〈父記セズ。子、伝エズ〉の禅語を座右として、日夜、精進しているというが、それほどまでに徹底しなくても、せめて在原業平《ありわらのなりひら》の歌うらく、「白玉か　何ぞと人の　問いしなば　露と答えて　消《け》なましものを」という心境くらいはもっていたいものである。とにかく、生きているうちに銅像を建てるなどという愚行は、一刻も早く思いとどまってもらいたい。事業家、財界人として赫々たる仕事をしてきた会長のために惜しむのである。

一週間ほどしたら、当人から電話がかかってきて、「銅像など、建てるつもりはない」といってきた。

あたかも、その日、イタリア・ネオリアリズム映画の監督、ロベルト・ロッセリーニの訃報とともに箴言が紹介されていた。

「私は銅像になりたくない。世間はたぶん、私が台座の上でポーズをとることをお望みかもしれないが、私はそんなところに上がりたくない。記念碑にはなりたくないのである」

心友に学ぶ人生の知恵

総理になると三つのものが見えなくなる

二・二六事件の時の総理、岡田啓介が「総理になると、三つのものが見えなくなる」といっている。

第一に「金」。職権で思う存分に金が使えるから、金の価値がわからなくなる。

第二に「人」。しらずしらずのうちにとりまきがふえ、総理に気に入った情報しか入らなくなる。その結果は真実が陰に身をかくしてしまう。

第三に「国民の顔」。国民がいったい、どちらを向いているのか、皆目わからなくなる。

「そして、この三つがわからなくなった時、総理大臣は野垂れ死にする」と岡田の断定である。

したがって、人間は上に立てば立つほど、「直言してくれる側近」が必要になってくるが、池田勇人は「そのために三人の心友をもて」と口ぐせのようにいっていた。

「三人の心友」とは「一人はすぐれたジャーナリスト。一人は立派な宗教家。一人は名医」である。

「すぐれたジャーナリスト」がなぜ心友として必要か。

総理たるもの、耳に快いフォーマルな情報網だけでは不十分で、時には砂を噛むような思いも耐えねばならぬインフォーマルな情報網をももっていないと判断を誤るからである。

これは、ひとり総理たるに限らない。

政治家であろうと経営者であろうと、トップに立つほどの者は誰しも味わうことである。

リコー前社長の舘林三喜男が「玉葱《たまねぎ》というものは八百屋の店先で見ると、外側が赤茶けたり、泥がついている。それが玉葱なんだ。ところが、その玉葱を部下が係長や課長にあげる時は、泥のついた赤茶けた皮をむいて、これが玉葱だといって見せる。そして、課長が、この玉葱を部長に見せる時には、また二皮ばかりむいて見せる。それと同じく部長もまた皮をむいてくるから、社長の私のところへくる玉葱は、中の芯《しん》だけの小さなものになってくる。それを『玉葱でございます』といわれて、まるまる信じたら、とんでもない間違いをやらかすことになる」といいのこしているのも、その辺の呼吸である。

また、経団連会長の土光敏夫が東芝社長に就任した時、最初の記者会見で、開口一番いったことは、

「東芝の悪口をきいたら、すぐ教えてもらいたい。悪いことをしらせてくれた人にはお礼をさし上げる。ただし、誰がそれをいったかは告げないでほしい。いくら私でも、悪口をいった人

間の名前をきいたら、その人に不快感をもつだろうからだ」

ということだった。

土光の前の社長の岩下文雄時代には、社長が地方へ出張すると、支店では「社長のお成り」とばかりに八方、気を使い、「社長御宿」の電気製品は全部、東芝製にきりかえるというバカなことをやっていた。しかし、当の社長は、そんな細工がしてあろうとは、夢にも思わぬから、

「おお、ここも全部、うちの製品を使っているか」

と、いとご満悦の態《てい》で御帰還遊ばされるというウソみたいなホントの話を、土光はちゃんと知っていたからだ。

その点、ジャーナリストは、「時代と社会」に密着しているから、彼らと接触することによって、世間の実情がよくわかるのと、「ジャーナリストは常に大衆の中に在《あ》らねばならない。だが、そのことはジャーナリストが大衆の中に埋没してよいということでは決してない」と定義されているように、いかなる場合にも客観性を失わぬ基礎的訓練を経てきているから、たとい、心底から好きな総理といえども、いや、好意をもっておればおるほど、醒めた目でつき放して眺め、直言する。

さらにもう一つの特技は、断片的に集めてきた情報を分析整理したうえで、目にみえるハッキリしたデータの隙間隙間にはめ込み、表も裏もぴったりと合ったニュースの真相を再現してみせる能力である。

このジャーナリストをどう使うかは、ひとえにトップの器量ということになるが、もちろん、ジャーナリストの限界も心得ていないと、とんでもないことになる。

それは前にも述べたが、「行為する者にとって、行為せざる者は最も苛酷な批判者である」という箴言である。

政治家とか経営者とかは「行為する者」であり、ジャーナリストは「行為せざる者」である。「行為せざる者」は火の粉をかぶることがないから、火の粉をかぶって「行為する者」の痛みは絶対にわからない。足を踏みつけている者に、踏まれている人間の痛みがわからないのと同じである。だから、「行為せざる者」が、自分も「行為できる者」だと錯覚し、マスコミの足を洗って、一般企業へ入り、「行為する者」となると、いっぺんに馬脚をあらわしてしまう。

実際の話が、ジャーナリストから事業会社へ入って、大経営者になった例は一つもないのだ。せいぜい団体屋くらいのところでお茶を濁しているのが、精いっぱいである。

岩切章太郎を支えた木津無庵

「立派な宗教家」がなぜ、心友として必要か。

宮崎交通相談役の岩切章太郎が、まだ壮年時代のことである。

日向中央銀行が危なくなって出馬を懇請された。しかし、年も若かったし、銀行経営の経験は一度もない。おまけに宮崎農工銀行の監査役に名を連ねていた関係で、日向中央銀行のひどい内容は知りすぎるくらいに知っていた。

それは、一つ間違えば、最悪の事態にたちいたるかもしれなかった。

岩切は「一応、考えさせて下さい」と一日の猶予をもらって、一晩、考えつづけた。

ひき受けるか、断るか、迷いに迷ったあげく、ようやく決心がついた。

「行き詰まった問題をひき受けるのが自分の人生方針の一つだとすると、たとえ、どんなに苦しかろうとも、逃げるという手は絶対にない。しかも、問題は郷土、宮崎県の財界人が当面している重大な仕事であり、政治と違って自分の職域ではないか」

そう自問自答した時、精神面の指導を受けていた木津無庵和尚の言葉を思い出した。

「仏教は覚悟の宗教だから、しっかり腹がきまったら、何が起ろうと、心配はないはずである。しかし、工夫はしなければならない。一番いい例はお医者さんだ。いかなる名医といえども、自分の子供が重態の時は脈をとる手が乱れる。それは肉親として、どうしようもない心配があるからだ。だが、他人の医者なら、心配はせずに工夫だけするから立派に脈もとれ、病気も治せるのだ。だから『心配するな、工夫せよ』である」

ここでハッと目から鱗が落ちた。

再建は、何といっても難問題だから、きっと、いやなことやら、苦しいことやらが次々と起ってくるに違いない。そこで、もし、自分が頼まれて、ひき受けたのだと考えていると、必ず、心の中に不平不満が起きるだろう。不平不満が起きては、仕事がうまくいくわけはないし、第

一、自分自身が不愉快だ。だから「頼まれて入るのではない。自分から求めて入ったのだ、と考えることにし、そのことを、しっかりと自分にいいきかせた」という。
そして、最悪の場合は、背任罪で監獄につながれるところまで腹をくくったうえで、何が起ってこようと、さほど心配しないで、懸命に工夫したために、とにかく、難関を突破し、再建に成功した。

一廉の人物の陰に宗教家あり

フランスの心理学者、エミール・クーエは「人間というものは、自分の心の中に計りがたい力をもっている。これを無意識にとり扱う時には、しばしば有害になるが、反対に意識的にかつ賢明な態度でとり扱えば、自分を支配することができ、しかも、生理的、精神的障害から自分を避けることができる」といっているが、これをくだいて解釈すれば、こういうことになる。

たとえば、三十センチ幅の板を地上に置いたとする。

誰でも片目片足でその上を歩くことができるが、同じ板を百メートルの空中に吊ったとすると、恐ろしくて、這って渡ることもできはしない。

なぜだろう。

それは、地上では足をすべらせても、絶対にけがをすることはない、という確信が精神を闊達にし、それが肉体に作用して、のびのびと行動させることになるのだ。

反対に、板が空中にある時は、足を踏みはずせば、間違いなく脳天を打ち砕いて即死である。そのことが頭にこびりついて離れないために肉体がシュリンク（萎縮）してしまって、地上なら簡単にやれることが空中では手も足も出ない状態に陥ってしまうのである。

本来、信仰とか、宗教心とかは、そういうもので、スウェーデンの作家、ストリンドベルヒのいいぐさではないが、「君が経験か、直感かで、宗教とは何であるかをすでに知っていなければ、説明できない。また、説明してきかせたところで、君たちにはバカげたこととしか思われないだろう。しかし、君がもし、宗教とは何かを知っているなら、いろいろ説明することがある。そして、君にもわかるだろう」ということである。

さらに西田幾多郎の『善の研究』では、もっと直接的である。

「世の中には、往々、何故《なにゆえ》に宗教が必要であるか、などと尋ねる人がある。しかし、かくの如き問いは、何故《なにゆえ》に生きる必要があるか、と問うのと同一である。宗教は己の生命を離れて存在するのではない。その要求は、生命そのものの要求である。かかる問いを発するのは、自己の生涯の真面目ならざるを示すものである。真摯《しんし》に考え、真摯に生きんと欲する者は必ず熱烈なる宗教的要求を感ぜずにはいられないのである」

昔から、宮本武蔵における沢庵《たくあん》、北条時宗における無学祖元《むがくそげん》、足利尊氏における夢窓疎石、徳川家康における天海、伊庭貞剛《いばさだたけ》における峨山老漢、協和醱酵会長・加藤辨三郎における松原致遠、資生堂相談役・岡山英夫における苧坂光龍《おざかこうりゅう》、さきに述べた岩切章太郎の木津無庵といったように、人生にその足跡をのこすような一廉《ひとかど》の人物の陰には必ず偉大なる宗教家がついている。

一代の名総理事といわれた住友の伊庭貞剛にぞっこん参り、伊庭と出処進退をともにした河上謹一は、「知恵も腕も通用しない時」の項でも触れたように、

「人格の力というものは、まことに不思議なものだ。世の中には知恵でいかず、腕でもいかず、手のつけようもないことがたびたび起る。そういう場合には、これを救うのは、ただ人格の力以外にない」

と伊庭を評しているが、これはやはり、峨山老漢のような心友をもったからこそ、こういう魅力的人格が形成されたのであろう。

いかなる宗教家を選ぶか

しかし、宗教家にもホンモノとニセモノとがいる。いや、ニセモノのほうが幅をきかせている当世である。

たとえば、本当の禅坊主は、あっけらかんとしているものである。毎日、きちんと座禅をやっているくせに座禅などやっているようなことは一言も言わず、飄々《ひょうひょう》としている。それがホンモノである。

ところが、自分が禅僧であることを意識して、いかにも豪放磊落《ごうほうらいらく》にふるまうのはだいたい、

インチキと思っていい。一見、豪放に見えて、裏のほうでは小心翼々として俗世間のことばかり気にしているつまらぬ坊主だ。

事実、伊庭貞剛自身、終世、在家の人々の前では、一言も禅を語ったことはなかったし、居士《こじ》などと称して、わがもの顔に偈《げ》などをひねくったり、ことさららしく禅語を喋々する人間は大嫌いだった。

これは伊庭貞剛がホンモノだったからである。

ヒトラーに対するレジスタンス運動で倒れた牧師にして神学者のディトリッヒ・ボンヘッファーは「神の前に、神と共に、神なしに生きる」という名言を残した。信仰者の真の生きかたは無神論者のような生きかたである、ということだ。

神について、もっともらしいことや、わかったようなことをいう人間は最も神から遠い存在である。あたかも人生や恋愛について得々と語るのは、本人の体験の浅薄さを物語っているようなものである。しかも、それらは実は自分のことをしゃべっているにすぎないのだ。それと同様に、神について饒舌すぎる連中は神にことよせて、自分のことを語っているのだ。つまり、神を自分のために利用する人間は、「神の前に、神と共に」生きてはいないのである。

大事業への野望と寿命の壁

「名医」がなぜ、心友として必要か。

強靱な肉体は強靱な精神を生む。その理非曲直にかかわらず、その状態の多種多様なるにかかわらずである。

真珠王といわれた御木本幸吉が七十六歳になった時、西園寺公望《きんもち》の主治医であり、名古屋大学の総長もやった勝沼精蔵博士に向かって哀願した。

「あなたは渋沢栄一翁を九十二歳まで長生きさせた。糖尿の持病があった西園寺公をも九十二歳までもたせた。どうか、わしも、九十二歳まで生かして下さい」

すると、勝沼博士は「生きるのは、あなたであって、私が長生きするわけではない。つまり、私はお手伝いをするだけで、あなたに長生きしようという意欲がないとダメだ」といって長寿の秘訣四ヵ条を示した。

第一に、生きる意欲をもつこと。

第二に、年とともに仕事の範囲を狭めること。

第三に、夜は床の上で溲瓶《しびん》をつかうこと（老人は、寒い時、ねまきのままでトイレへいき、よく脳溢血をやらかす）。

第四に、つとめて小魚と海草類を食べること。

これを忠実に守った御木本幸吉は、九十五歳になった時、矍鑠《かくしゃく》としていってのけた。

「わしは百まで生きる。あと五年だぞ。これからの五年に、二十歳からはじめて過去七十五年間営んだ業績と同じ分量の仕事がやれる」

しかし御木本は、それから二年たった九十七歳で生涯の幕を閉じた。

「財界不倒翁」とよばれる日本化薬会長の原安三郎も、「人間には寿命がある。うんと大きい仕事をやろうとすれば、この寿命というものが壁になってくる。スターリンなども、イデオロギーで世界制覇を考えたが、七十二歳で死んだ。これがもしも五百歳まで生きられるということになれば、企業でもイデオロギーでも世界制覇ができるが、残念ながら、寿命というものがあって、それができない」と口惜しがっている。

人は晩年になると、誰しも同じ思いに駆られるのであろう。

太田垣士郎の出処進退

世界保健機構（ＷＨＯ）では、健康状態とはいかなるものかを定義して「七つの条件」を挙げている。

一、何を食べてもおいしい。
二、よく眠れることができる。
三、すぐに疲れを覚えない。
四、快い便通がある。
五、風邪ぎみでない。
六、体重がかわらない。

七、毎日が楽しく、明るい。

このうちの一つでも欠けたら「不健康」ということになるが、トップたるもの、この「肉体的には健康で、精神的には幸福で、社会的には世のため、人のために役立つことができる状態」を維持しなければならない。

それには、どうしても、名医の心友が必要となってくる。というのは、科学は自然を対象とするが、医学は人間を対象とし、ビッセンシャフト（科学）とともにクンスト（芸術。人扱いのコツを含めた技術）やフィロゾフィー（哲学）が要求されるからだ。

近鉄会長の佐伯勇がよく述懐することがある。

「故種田社長は病気がちの人だったが、『元気な時でも、ほどほどの能力しかないのに、病気で寝ていながら、何かと会社の仕事に指図をするのがいるが、私は絶対にそれをやらない。病気中は、他の重役たちにまかせて、療養に専念する』といわれた。たしかにその通りで、人間は元気な時でも往々、誤った判断を下すことがあるのに、ましてや、病気にかかって、肉体的にはもちろん、精神的にも正常でありにくい時に重要な判断を下すことは、きわめて危険である」

『黒部の太陽』という小説や映画にまでなった黒部第四ダムを開発、世界に「オータガキ」の名を轟かせた関西電力前会長の太田垣士郎が、ある日、主治医から「どうも、脳軟化の気《け》があります」と小首をかしげられた。

脳軟化の悲喜劇は、自分が脳軟化で呆《ぼ》けてきているという自覚が全くないところにあるが、主治医の一言をきいた太田垣は、その翌日から公職を徐々に辞任していった。しかも、それから三年後に静かに息をひきとったのである。

見事な出処進退というほかはない。

肉体の衰え、頭の呆け

いかなる実力者、名社長といえども、亡くなった日から逆算して、三年間やったことはすべて失敗である。それに肉体の衰え、頭の呆けが、どうしても判断を誤らせるのだ。

ある高名な法律家が長寿を全うして亡くなった。

その葬儀の席で、故人をみとり、死後解剖のメスをとった心友の老教授が会葬者に述べた挨拶を龍角散社長の藤井康男が『病気と仲よくする法』（日本経済新聞）で紹介していたが、深刻に考えさせられるものがある。

「故人は生前、高名な弁護士でありながら、思想問題などで弾圧された無名の若い学究の弁護を進んでひき受けられた。そして多くの人々が故人の高い学識と有能な法廷技術によって救われたのです。こういう際にも、故人は相手の事情によっては弁護料なども請求されず、調査費用すらも自弁で活動されました。

しかし、晩年になって故人はかわりました。時として、高額の弁護料を請求されて驚かれた方や、かつて、あれほど無欲無私だった故人が金銭に異常な執着を示されるのに気づかれた方もおられると思います。故人を解剖してみましたところ、脳の部分に著しい老年性の退行変化が見られました。そのため、人格が一変したかのような印象を与えたものと思います。

つまり、故人の脳は人格的には、その持前《もちまえ》の立派な能力を生理的な死を迎える何年か前にすでに失っていたものと考えられます。ご来席の皆様は、その辺の事情をお汲みとりの上、改めて、生前の故人を偲んでご会葬願います」

死すべき時に死なざれば、死するにまさる恥辱あり、という。

散りぬべき　時知りてこそ　世の中の
　花は花なれ　人も人なれ

これは細川ガラシャ夫人の辞世だが、恍惚の状態となって、人に迷惑をかける前に一線を退くことを教えてもらうためにも「名医の心友」が必要になってくるのである。

直言を生かす人間関係

三年でバカになる

明治維新成って、権勢の中心にあった総理大臣、伊藤博文の側近たちが氷川《ひかわ》の勝海舟の許へやってきて、しきりに伊藤博文の悪口をいう。「ふん、ふん」ときいていた海舟は最後にたずねた。

「お前さんたち、今、わしにいったような批判を伊藤の前でじかにいえるかい」

「そりゃ、とてもいえません」

「そうだろう。伊藤はもともと聡明な人なんじゃよ。けれども、お前たち側近が誰も苦言をいわず、調子のいいことばかり耳に入れとれば、いくら賢人でも、三年も経《た》ちゃ、バカになるのが当り前よ」と教えた。

どれくらいバカになるか。

福沢桃介が、その著『財界人物我観』の中で紹介している日銀三代目総裁、川田小一郎の格好のゴシップがある。

芸者のおしめが、川田のことを「総裁、総裁」と人がいうものだから、大いに怒り、「惣菜、惣菜と、旦那様のことを野菜物扱いするとは怪しからん」と、川田に訴えたというので、それ以後、川田はことにおしめを可愛がったという話だ。

また、横浜の紛争解決にのり出した時、横浜の巨商連がきて、川田に「閣下、閣下」を連発した。

これを側で聞いていたおしめが「またしても、カッカ、カッカと総裁様を蚊の仲間扱いするのは怪しからん」と怒ったものだ。川田は笑いながら、閣下というのは、総裁以上の尊称だと説明して、大変に御機嫌だった。「惣菜」といい、「カッカ」といい、おしめは胸中にその意味を十分、了解していたんだろうが、しらぬ顔で怒ってみせ、まんまと川田にとり入った腕の凄さは川田以上だ。

「直言する側近」の見出しかた

直言する側近をもつためには、何よりもトップ自身がその気にならねば、どうしようもない。権力主義の権化みたいにいわれるマキャヴェリでさえも、「へつらい者を避けるには賢い側近を選び、その者たちだけに直言させよ」と説き、「君主は民衆の支持を得ていると錯覚してはならない。彼らが『わが君のためには死をも辞さぬ』というのは、死を必要としない時だけである」と戒めている。

現代風にいえば、部下から「社長、あなたがおられなければ、会社はもちません」などといわれて、頭からそれを信ずるトップがいたら大馬鹿者だということである。

しからば、「直言してくれる側近」をいかにつくるか。

『十八史略』に出てくる楚の荘王が面白い。

荘王、位ニ即キテ三年、令ヲ出サズ。日夜、楽ヲ為ス。国中ニ令シ、「敢テ諫ムル者ハ死セン」ト。

伍挙《ごきょ》曰《いわ》ク「鳥有リ。阜《おか》ニ在リ。三年蜚《と》バズ。鳴カズ。是レ。何ノ鳥ゾヤ」ト。

王曰《いわ》ク「三年、蜚《と》バズ。蜚《と》ババ将《まさ》ニ天ヲモ衝《つ》カントス。三年、鳴カズ。鳴カバ将《まさ》ニ人ヲモ驚カサントス」ト。蘇従《そじゅう》モ亦《また》入リテ諫ム。

王スナワチ左ニ従《じゅう》ガ手ヲ執《と》リ、右ニ刀ヲ抽《ぬ》キテ、以テ鐘鼓《しょうこ》ノ懸《けん》ヲ断《た》ツ。

明日《めいじつ》、政《まつりごと》ヲ聴《き》キ、伍挙《ごきょ》、蘇従ニ任ズ。国人大イニ悦ブ。又、孫叔敖《そんしょくごう》ヲ得テ相《しょう》ト為ス。遂ニ諸侯ニ覇タリ。

荘王は春秋五覇の一人で、豪放磊落の面白い人物であった。

その荘王が、何を考えたのか、即位以来、三年経っても政令一つ出さず、酣宴爛酔《かんえんらんすい》の楽しみに耽った。いや、そればかりか、国中に令を発して「もし、余の生活についてとやかくいうものがいたら、直ちに死刑にする」といいわたした。

そんな状態が長く続いたら、いかに強大な楚でも殆《あや》うくなる。ついに見るに見かねた側近の伍《ご》挙《きょ》が参内《さんだい》、問答にかこつけて荘王を諌めた。

「一羽の鳥が岡の上にいますが、三年たっても飛ぼうとしないし、一声も鳴こうとしません。いったい、これは、どういう鳥なんでしょうか」

荘王を鳥にたとえての諷刺である。

これをきいた荘王は、ニヤリと笑って答えた。

「そうか、その鳥は三年も飛ばず、鳴かずか。しかしじゃ、その鳥が一度《ひとたび》、飛べば、天をも衝《つ》く勢で飛翔するだろうし、一度《ひとたび》、鳴いたら、まわりが腰をぬかすほどの声を出すだろう」

しかし、いっこうに酣宴爛酔の楽をやめようとはしなかった。

すると、今度は蘇従が入って直諌した。これこそ命懸けである。侃々諤々《かんかんがくがく》の直言をすべてきき終ると、荘王は「よくぞ申した」と、左手に蘇従の手をとり、右手で刀を抜くと、いきなり、「鐘鼓の懸」（鐘や鼓のかけひも）をバッサリと断ちきり、再び歓楽にうつつをぬかさぬことを誓った。そして、翌日から、伍挙と蘇従とを抜擢、生れかわったように政治にとり組み、楚の名主となった。

荘王は放蕩をよそおいながら、人物と時機とを待っていたのである。

心のこもった手紙

筆者は皇帝でも社長でもない。しかし、「直言」に関して鮮烈なる思い出をもっている。それは出光興産店主の出光佐三が敗戦直後、渡米し、むこうの財界人を前にして「民主主義というのは、自分のことは自分でやらねばならぬということだろう。にもかかわらず、いちいち、タイムレコーダーをとって、一時間も眼が離せぬ、信頼できぬという人間が民主主義を唱える資格があるか。それから、机の配置も、後《うし》ろから課長が監督するようになっている。そのように後ろから監督しなければ何をするかわからない、という人間が民主主義を説くなど、おかしな話ではないか」と一本、お面をとった話をある雑誌に紹介した時のことである。

伝記作家の小島直記から電話があって、「あの話は何からとったのか」ときかれたので、「出光の著書『人間尊重五十年』から」と答えた。

ところが、十日ばかりたって、そんなヤリトリなど、すっかり忘れてしまったころ、小島直記から次のような長文の手紙が舞い込んだ。

この前の民主主義の話、『人間尊重五十年』の三〇六頁、『わが四十五年』の八六三頁にのってはいましたが、あなたの文章とは違っています。あなたが雑誌に引用されたものと原文とを比較しますと、あなたの引用のものが断然すぐれていると思います。くだけていますす。しかし、それはそれとして、それが『人間尊重五十年』所載の文章でない以上、その出典を『人間尊重五十年』と明記してのせることはウソとなります。

何故、一見、些事《さじ》と思えることに私が拘泥するかといえば、二つのポイントがあります。第一は、あなたの書いているその連載は、後世に残る文献となると評価するからです。すなわち、後世に残る以上、ウソを載せてはいけません。あのように出典が明記してあると、私のような伝記作家は「俺のみているこの本はニセモノなのか」と迷うことにもなります。この意味でも正しい出典を心がけるべきだと考えるからです。

第二は、あなた自身の仕事の質をさらに高めて頂きたい、という日ごろの念願にもとづきます。そして、その一つの途口は「原典に当らないで急いで書いてはならぬ」ということでしょう。安岡正篤先生のお話をきく度に感嘆するのは、お話になることすべてが原典の渉猟から発していることです。われわれが先生から学ぶべき第一義はそこにあろうと思います。第一級のライターたるもの、あやふやなことは書かぬがいいのです。書くならば、調べて書くべきです。

こんなことはよほどの愛情をもっていないといえるものではない。骨を噛むような反省とともに小島直記のような先輩をもったことの倖せに胸が熱くなった。

大隈重信に忠告した五代友厚

この小島直記の手紙から連想したのは、五代友厚が親友、大隈重信に、その短所五ヵ条を忠告した手紙だった。

閣下の恩恵を蒙る者は恐らく其の美を挙げて、其の欠を責むる者なかるべし。今、友厚は従来の鴻恩万分の一を報ぜん為、閣下の短欠を述べて赤心を表す。

閣下高明、其の失敬を恕《じょ》せよ。

第一条。愚説愚論を聞くことによく堪《た》うべし。一を聞きて十を知るは、今、閣下賢明に過ぐるの短欠なり。

第二条。己《おのれ》と地位を同じうせざる者、閣下の見と其の論説する処、五十歩百歩なる時は、必ず、人の論を賞めて是を採用すべし。人の論を賞し、人の説を採らざる時は、今、閣下の徳をひろむる能《あた》わず。即ち賢明に過ると謂わざるを得ず。

第三条。怒気怒声を発するは、其の徳望を失する原由《げんゆう》也。怒気を発するに一の益あるを聞かず。たとえば、奏任は奏任至当の才脳より保ち得ず。等外は等外的当の才より収むる能わず。今、閣下高明、これが謂《い》う処、為《な》す処、意に的《あた》らざるは言うを待たず。其の才能智識の閣下に及ばざるを知って、怒気怒声を発するは、閣下、高明の欠と謂わざるを得ず。

第四条。事情を裁断する、其の勢の極に迫るを待ちてこれを決すべし。

第五条。己《おのれ》、其の人を忌《い》む時は其の人もまた己を忌むべし。故に己の欲せざる人に勉《つと》めて交際を弘《ひろ》められん事を希望す。柳原、河野の如きも、其の厚意を表して、これを御《ぎょ》して用いられんことを乞う。

五代友厚は明治維新の際には参与として台閣に処したほどの人物で、維新の元勲たちと親交があった。

大隈重信は晩年、すこぶる円満となり、誰に対しても寛容だったが、壮年時代は血気さかんで奇行が多く、自ら信ずるところに驀進して、累《わざわい》をあちこちに及ぼした。五代は、それを心配して忠告したのだが、大隈家には、この五代の手紙が三百通以上も保存されていたという。しかも、その手紙の中には、しばしば「五ヶ条お忘れなく」とか、「五ヶ条に御注意」などと「五ヶ条」をくり返したものが多い。

周舎ノ鄂々タルヲ聞カザルナリ

明治時代には若き明治天皇を擁して、西郷隆盛の実直さあり、山岡鉄舟の剛直さありで、時に陛下に面とむかって直諫し奉り、陛下が過ちを改められない限り、一歩も退かぬという気風が強かった。

明治天皇が酒の上で、侍従、山岡鉄舟に相撲を挑まれたことがある。ところが〈天皇と臣とは相撲など争うべきでない〉という信念をもっていた鉄舟は、平身低頭したまま応じなかった。むっ、とされた天皇は「それなら、坐り相撲じゃ」と仰せられて、鉄舟にとびかかられたが、剣禅一如で鍛えた体は微動だもしない。

ますます逆鱗《げきりん》された天皇は、今度は、拳《こぶし》を固めて鉄舟の眼を突きにかかられた。

眼をつぶされてはたまらないので、鉄舟がこれをひょいとかわしたために、天皇は空をついて、鉄舟のうしろへ、どうと倒れられた。

天皇は顔にすり傷を負われ、酔い潰れた恰好で御寝《ぎょしん》になったが、あとが大騒動である。

侍従たちは、よってたかって謝るようにすすめたが、鉄舟は頑として応じなかった。

ただ、頭をかわしたことについては、「一身はもとより陛下にお捧げしたものだから、負傷などいささかも構わないが、もし、陛下が酔興で臣下の眼を砕かれたとあっては、陛下は後世、『天下の暴君』とよばれることになる。それでも、陛下が拙者の措置が悪いと仰せられるなら、腹かき切ってお詫び致す所存でござる」といいきった。

結局、明治天皇が「朕が悪かった。もう相撲もとらぬし、深酒もしない」と仰せられて、一件落着となったが、体を張って直言した鉄舟も偉かったし、それを受け入れて、素直に反省された陛下も偉かったということになる。

「一国、争臣ナケレバ殆《あや》ウシ」という。「争臣」とは「主君に直言して、主君と争う臣」のことである。


趙ノ簡子ニ臣アリ。周舎トイウ。死ス。

簡子、朝ニ聴《き》ク毎《ごと》ニ悦バズシテ曰《いわ》ク「千羊ノ皮ハ一狐ノ腋《えき》ニシカズ。諸大丈ノ朝《ちょう》スル、タダ、唯々《いい》ヲ聴クノミ、周舎ノ鄂々《がくがく》タルヲ聞カザルナリ」ト。


多分、周舎という人物は、徳川家康につかえた大久保彦左衛門みたいな存在だったのだろう。

そういう硬骨の士を愛した趙の簡子も相当な名君である。

その趙簡子が「千匹の羊の皮があっても一匹の狐の腋《わき》の下の白い毛皮には及ばない〈つまり、一狐の腋の裘《かわごろも》は最高であることから転じて『衆愚は一賢に及ばず』の意〉。なるほど、こうして、多くの大夫たちが出仕しているが、彼らは、ただ『ハイハイ』と余のいうことを聞くのみで、なくなった周舎のように諤々《がくがく》として誰はばかることなく直言してくれない。まことにものたりぬことだわい」と嘆いているから、「争臣」とか「直言の士」を得るのも、まことに難きかなである。

一利ヲ興スハ一害ヲ除クニシカズ

「君主の頭脳の程度は、その宰相を見ればわかる」とマキャヴェリがいっているが、蒙古の英雄、ジンギス汗の宰相であると同時に側近、懐刀《ふところがたな》として、よく輔《たす》け、三十余年の長きにわたって複雑多難な蒙古の国政を運用したのは耶律楚材《やりつそざい》だった。

耶律楚材は祖父の時代から金朝に仕えていたが、もともとは遼の王族で、遼の滅亡後、金に仕官した。

幼少の頃から儒学を修め、天稟《てんぴん》の偉大さは周囲から羨ましがられるほどだったが、既に金の社稷《しゃしょく》は傾き、頽廃的でなげやりな亡国の風潮が一世を風靡していた。そんな中にあって、耶律楚材は、若くして、三界に住するところなき魂の不安に襲われ、儒学から禅に転じていった。

そして、聖安寺の澄公和尚を師とし、その紹介で万松老師を得て、鍛えられている最中に、ジンギス汗が金の首都、燕京を占領し、耶律楚材に邂逅した。

性急一徹なところはあったが、同時に道理に明るく、竹を割ったような気性でことに人材を愛したジンギス汗は耶律楚材に会うと、一見してのめり込み、こういった。

「卿は遼の王族と聞く。遼と金とはかたき同士。朕、さいわいに、今日、卿のために、その怨をそそぐことができたのをよろこぶ」

この言葉を耶律楚材は悠然として、力強い声で受けた。

「ありがとうございます。しかしながら、ひとたび、私の父祖が金朝に臣事しました以上、今さらに君を讐《あだ》とすることはございません」

「肝胆相照セバ、天下トトモニ秋月ヲ分チ、意気相許セバ天下トトモニ春風ニ坐セン」とするは、すべての大丈夫《おとこ》のやみがたき意気である。まして、耶律楚材は三十七歳の秋。内心鬱勃《うつぼつ》たるものがあったに違いない。これに対してジンギス汗は五十四歳。ようやく円熟の境地に達していた。

以来、影の形に添う如く、ジンギス汗あるところ、必ず耶律楚材の姿があった。

二人の間は年齢のへだたりこそあったが、いかなることをいっても誤解されない間柄であり、第三者には、うかがいしることのできない深い内面的な関係に結ばれていた。

そして、二人の問答は、常に「蒙古がいかにしたら強大になってゆくか」の一点にしぼられていたが、そのやりとりは、内容の語録を形成し、今、読み返しても、深くうなずくことばかりである。

たとえば、ジンギス汗が、ともすると武力万能を主張するのに対して、耶律楚材は「高度の文化に対する関心を激しくもちつづけることこそ肝要でございます。蒙古が蒙古自身の高い文化をもたぬ限り、せっかく武力で征服したとはいうものの、この金国を完全に支配することはできません。いや、それどころか、いつかは蒙古が金国に吸収され、逆に支配される破目となりましょう」と直言し、「馬上、天下ヲ取ルベシ。サレド、馬上、天下ヲ治ムベカラズ」〈武力で天下を取ることはできる。だが、武断政治では天下は治まらない〉という名言をのこした。また「一利ヲ興スハ一害ヲ除クニシカズ。一事ヲ生《ふ》ヤスハ一事ヲヘラスニシカズ」とも喝破した。

大宰相の言にしては、一見、消極的に思えるかもしれない。だが、実際の政治に多少ともかかわりあい、苦労した人間なら、これが軍国非常の際の経験から割り出した叡智であることに気がつくだろう。

次元は低いが、こんな話はどうか。

アメリカでも、日本でも、何かというと、やたらに委員会をつくりたがる。委員という肩書きを好む人種もやたらと多い。この結果、委員会がメチャクチャにふえて、さすがに委員会好きのアメリカ前大統領のニクソンも音をあげ、これに大ナタをふるうことになった。そこで

「どんな方法で整理するか」という具体策を部下に練らせたところ、あがってきた案は「委員会を整理するための委員会を新しくつくるべきである」ということだった。

全く、ウソみたいなホントの話である。

何物ニモ充タシ難イ空虚

ジンギス汗と耶律楚材との間を「第三者には、うかがいしることのできない深い内面的関係」と書いたが、たしかに単なる功利的関係だけでは、とても、あれまでにはならなかったであろう。

二人の関係から、まず、頭にうかぶのはイタリア独立運動の志士、マッチーニの『ロンドン日記』の一節である。

境遇ノタメニ家庭ノ和楽ヲ味ウコトノデキナイ者ノ胸ノ中ニハ、何物ニモ充タシ難イ空虚ガアル。コウ書イテイル私ニハ、ソレガヨクワカル。

まして、故郷はるかに遠征し、凄まじい戦争、殺戮《さつりく》、破壊のうちに荒涼たる生活を送る武人の心はいうまでもない。ジンギス汗といえども、きっと意識的にか、無意識的にか、この空虚の悩みに堪えがたかったであろう。

ことに耶律楚材においては、なおさらそうである。昨日まで、一念発起して、万松老師の鉗《けん》槌《つい》の下、静かな山の容《すがた》、渓《たに》の声に親しみながら「只管打坐《しかんだざ》」につとめた身が、今日は幾万の鉄騎を擁して、英雄ジンギス汗に侍し、住みなれた中原を後に、はるかに胡沙《こさ》に向かう。

　蒙古民族は史上稀にみる偉大な征服者ではあったが、彼らが一度、その鉄蹄を躍らし過ぎるところ、すべての民族は雑草の如く蹂躙された。このため、無辜《むこ》の人民が惨禍に悩み、山河は到る処荒廃に帰した。

　征服に伴う惨澹《さんたん》たる破壊――それは帷幄に方策をめぐらす耶律楚材の心をしめつける苦悩であった。

「恨ムラクハ、師ヲ離ルルコト太《はなは》ダ早ク、淘汰《とうた》未ダ精シカラザリシコトヲ。乳慕《にゅうぼ》ノ念起《おもい》ル」と、法縁を十分に得ずして別れた万松老師のことを書きのこしているのをみても、荒涼たる寂寞感に苦しんだことがよくわかるが、こういう時、人は非常に感じやすくなる。はじめて人間の本分の大事に触れるからだ。

　ジンギス汗と耶律楚材とは、その「人間の本分の大事」においてつながっていたのである。

直言の条件

逆鱗に触れるな

取引先からの無礼な手紙に社長が激怒した。

「もう、これっきりだ、勝手にしろ」と喚き、「返事を書け！」と横にいる秘書に命じた時、秘書のとる一番いい態度と悪い態度とは、次のうちのどれか。
一、命令を握りつぶす。
二、命令通りに手紙を出す。
三、社長に忠告する。
四、社長が冷静になるまで待つ。
これは秘書のセミナーによく出される問題である。

解答は、一番いい態度は「四」であり、最も悪いのは「三」である。

不愉快な手紙の返事は、すぐ出さないで、しばらく待つのが常識である。いきなり、反射神経で書きなぐったような手紙は、必ず、悪い結果をもたらす。

なかなか難しいことだが、いかに癇《かん》にさわった手紙でも、この返事を投函したあとで、自分は常に穏やかに、しかも、冷静に行動したという一種の満足感みたいなものを残しておけば最上である。だから、しばらく時間を稼ぐのがいい。また、その場での忠告は、火に油を注ぐようなものだ。

一般論としても、下から上への直言、忠告は普通のコミュニケーションではいけない。相手の心を十分に読みとったうえで、こちらの意見を相手にあてはめる難しさである。

イタリアの政治的天才、マキャヴェリに対比される中国春秋時代の思想家、韓非子《かんびし》は、その辺の呼吸を「オヨソ、説《ぜい》ノ難《かた》キハ、説クトコロノ心ヲ知リ、ワガ説ヲモッテコレニ当ツベキナリ」といい、さらに「龍ノ喉下ニ逆鱗径尺《げきりんけいしゃく》ナルアリ。モシ、人コレニ嬰《ふ》ルル者アレバ、必ズ、人ヲ殺ス。人主マタ逆鱗アリ」と指摘している。

韓非子は「性悪説」にたっているから、その説明も極端である。

「たとえば、相手が名声をほしがっている君主だとする。この相手にむかって『こうすれば、大きな利益があがる』などと説いたら、下司《げす》な奴にいやしめられたと思って、無視されてしまう。反対に、利益一点張りの君主に名声をあげる心得を説いたら、コチコチの世間知らずとして敬遠されるに違いない。また、裏では利益を求めながら、表むきは名君顔でいる。こんな君主が相手ならどうだろう。もし、名君の心得を説くと、形の上だけは受け入れるかもしれないが、実際には敬遠されよう。かといって、利益のあげ方だけを説こうものなら、その意見だけは盗まれて、あとは知らぬ顔ということになる。したがって、進言しようとするからには、これくらいのことは心得ていなくてはいけない」

そして「逆鱗」について「龍は馴らせば、人が乗れるほどにおとなしい動物である。ところが、喉の下に直径一尺もある鱗《うろこ》が生えていて、これに触れようものなら、忽ちにして噛み殺されてしまう。君主にも、この逆鱗があるから、それにさわらぬように進言できるようになれば、まず立派なものだ」としめくくっている。

一切の条件が同一でも、相手の認知構造によっては、全く異なった結果を生ずる。したがって、完全な説得を行うためには、相手の認知構造をこちらの望ましい状態につくりあげておく必要がある。

ところが、これほど、人間の裏の裏まで読んだ韓非子が、秦に使して、同門の宰相、李斯《りし》の讒言《ざんげん》にあい、獄中で毒を呷《あお》って死んだのは皮肉である。後世、司馬遷《しばせん》が、その著『史記』にこの「説難《ぜいなん》」の全文を記載したあと、「せっかく『説難』を書きながら、自分はその災を逃れられなかったのは悲しいことだ」と書き遺している。

三度、諫めて聴かれざれば則ち逃る

「君主の親戚である大臣は、君主に重大な過失があれば諫《いさ》める。だが、親戚でない大臣は黙っている」と孟子にある。

もし、君主の失政が重なって、革命でも勃発したら、君主はもちろん、その一族までが誅《ちゅう》殺《さつ》されるのが中国史の常道だから、親戚の大臣としては、面《おもて》を犯して諫言《かんげん》せざるを得ない。一方、親戚でない大臣は、騒動にまき込まれて、火の粉をかぶらぬ前に安全なところへ逃げておらねばならない。

司馬遼太郎が『播磨灘物語』の中で、「武士の悲しみとは、合戦のつど、妻子と死別を覚悟しなければならぬことではなく、常に旗幟《きし》をあきらかにせねばならぬところにある。旗幟をあきらかにするというのは、得体《えたい》のしれぬ未来に向って、自己と主家の運命を賭博に投ずることなのである」と述べているが、重職であればあるほど、この問題と深刻に対決しなければならぬだろう。

「良禽《りょうきん》ハ木ヲ択ブ」。あるいは「賢臣ハ主《あるじ》ヲ選ンデ之《これ》ヲ扶《たす》ク」とあるように賢臣は主君をよく見極めたうえで宮仕えするものだ。しかし、理非曲直を問わず、主命のままに粉骨砕身するかというと、そうではない。

主君にも間違ったところがあれば、一身の利害を顧ず、敢て、正しいと信ずるところを直言して、はばからぬものである。

だが、その直言がきき入れられればよし、万一、それが主君の耳に逆った場合には、どう処すべきか。

『礼記《らいき》』には「三度《みたび》、諫《いさ》メテ聴カレザレバ、則チ、コレヲ逃ル」とあり、『史記』には「人臣、三度諫メテ聴カレザレバ、則チ、義ヲ以テ去ルベシ」あるいは「賢者ノ行ヤ、道ヲ直《ただし》クシテ以テ直諫ス。三度、諫メテ聴カレザレバ則チ退ク」といっている。つまり、主従の縁を切る場合には、たとい、無駄とはわかっていても、とにかく、臣下のほうから主君に対して三度までは諫言しなければならない。一度も諫めないで見限るのはもちろん、一度や二度、諫めて、きかれないというので投げ出してはいけないという戒めである。ただし、三度目の時は、辞表を懐にしてやらねばならぬ。中国では、三度目がきかれぬ場合には、消されてしまう可能性があるから、「則チ、コレヲ逃ル」である。

猫の首に鈴をつけるとき

「功成リ名遂ゲテ身ヲ退《の》クハ天ノ道ナリ」〈『老子』〉とか「事ヲ謝《しゃ》スルハ常ニ正盛《せいせい》ノ時ニ謝スベシ。身ヲ居《お》クハ宜シク独後ノ地ニ居クベシ」〈『菜根譚《さいこんたん》』隠居するなら惜しまれるうちに。隠居の身を置くなら、他人の邪魔にならぬところ〉という名言があるが、なかなか、そうはいかないのが凡人のかなしさである。いや、凡人であればあるほど、功成り名遂げると、少しでも長く、その地位にしがみつきたくなる。

〈何もかも、すべて自分を中心に動いている。俺は決して独裁者ではない。だが、自分のつくった世界のまん中にはやはり坐っていたい。それくらいのわがままは許してくれてもいいでは

ないか。でなければ、何のために、ここまで事業をのばし、財界活動をしてきたのかわからなくなる〉

そんな自問自答を心の中でくり返すのが、大部分のトップのいつわらざるところである。

王子製紙から出ていた日商会頭の足立正も夫人が二度目で若いせいもあって、会頭の椅子に固執し、財界の顰蹙《ひんしゆく》を買ったことがあった。しかし、あまりにも足立が偉すぎて「辞任勧告」という鈴を猫の首につけにいく人間がいない。といって、放っておけば、弊害がでてくることは明らかだ。いや、現実にでてつつあった。

およそ、人に辞任を勧告するくらい嫌なことはない。

「パーキンソンの法則」によれば、「重役をよびつけて、『お前はクビだ！』と宣告し、その晩、家へ帰って、高《たか》いびきで眠れるような神経の太さをもたぬと、社長はつとまらない」そうだが、親しいある財界人などは「社長が何より辛いのは重役のクビをきる時だ。たいていの場合、『理由は？』ときかれる。この時、理由をいえば、ウソになるし、生じっかな殺し文句では通用するわけがない。だから、私は『理由はいえない』と答えて、あとは沈黙する。その二、三分の沈黙の長いこと、苦しいこと、骨身が削られるとは、あの思いだろう」と、よく述懐する。

この因果なクビキリ役をＴＢＳ（東京放送）相談役の今道潤三がひき受けたのだ。

間もなく、今道は日商会頭室にぶらりと足立をたずねて、ズバリときり出した。

「どうだ。君のためにも、財界のためにも、今が一番のひきどきだと思うが……」

いかに友人とはいえ、足立は不愉快さをかくそうともせず、プイと横を向いたままだった。全く、とりつくしまもない。

その日は、そのままひきさがったが、翌日また、今道は押しかけていった。脈は全然ない。しかし、毎日、足立にあって、同じ言葉をくり返しているうちに、とうとう、一週間目に「わかった。やめるよ」と足立がいった。

日商会頭の辞任が新聞に発表された直後、今道に会ったら、パイプをくゆらせながら、しみじみした調子で、こんなことをいった。

「もし、あの場合、足立がうまくやめてくれれば、今道潤三の男が売れるとか、永野重雄を会頭に昇格させることによって、永野に恩が売れるとかの打算や私心が、ほんのちょっぴりでも自分にあったら、相手は敏感に、それを感じとるだろうから、この交渉は、とても、うまくはいかなかっただろう。僕は心底、辞任するのが足立のためであり、財界のためである、と信じきって動いたところに、足立を動かすだけの迫力がでたのだと思う」

刑賞は天下の刑賞なり

この今道の行動には、ちゃんと下敷きがあった。

朱子が編集した『宋名臣言行録』にでてくる太祖皇帝と「社稷《しゃしょく》の臣」といわれた趙普《ちょうふ》とのやりとりである。

宋ノ趙普、沈毅果断ニシテ、天下ヲ以テ己《おの》ガ任トス。嘗《かつ》テ、某人ヲ除シテ某官トナサント欲ス。上《しょう》、用イズ。明日《めいじつ》マタ之ヲ奏《そう》ス。マタ用イラレズ。明日、マタ、コレヲ奏《そう》ス。上、怒リテ、其ノ奏《そう》ヲ壊裂シテ地ニ投ズ。普顔色自若《がんしょくじじゃく》トシテ、オモムロに奏ヲ拾イテ帰リ、補綴《ほてつ》シテ明日マタコレヲ進ム。上、スナワチ寤《さと》リテコレヲ用ウ。ソノ後、果シテ職ニ称《かな》イ、ソノ力ヲ得タリ。

趙普は沈着で意志が強く、決断力があり、常に天下のことをもって自分の責任としていた。もちろん、太祖とは有無相通ずる仲だったが、時に意見がくい違った。

趙普は、かつて、ある人物を重要なポストに就けようとしたが、太祖が首を縦にふらなかった。皇帝が人事を否決したのだ。ところが趙普は翌日、何くわぬ顔して、その人物をまた奏上した。案の定、却下だ。しかし、また翌日、同じ件を奏上すると「仏の顔も三度まで」の諺通り、太祖がとうとう怒りだし、上申書を破って、床へ投げつけた。すると、趙普は、顔色一つかえずにそれを拾って帰り、もと通りにつづりあわせたのを太祖の許へさし出した。

さすがにここで太祖も自分の非をさとり、その人事を裁下したが、はたして、その人物は仕事によく励んで、大いに実績を挙げた。

もう一つある。

功ヲ立テテ、當《まさ》ニ官ヲ遷《うつ》スベキモノアリ。上《しょう》、素《もと》ヨリソノ人ヲ嫌イテ与エズ。普、ツトメテ下サレンコトヲ請ウ。曰ク「朕、固《かた》ク与エザレバ奈如《いかん》」ト。普曰ク「刑賞ハ天下ノ刑賞ナリ。安《いず》クンゾ、私ノ喜怒ヲ以テ之ヲ専《もっぱ》ラニスルヲ得ン」ト。上、聴カズシテ起ツ。普、之ニ随ウ。上、宮ニ入ル。普、宮門ニ立チテ去ラズ。上、卒《つい》ニ之ヲ可《ゆる》ス。

国家のために手柄をたて、当然、官位を昇進させるべき人物があったのに、太祖はその人間を嫌っていたので、官を与えなかった。

趙普が懸命に昇進の裁可を上奏すると、太祖は「朕がどうしても与えないといったら、どうなんだ。どうしようもないだろう」といい放った。これに対して、趙普は恐る色もなく「刑罰と褒賞《ほうしょう》とは、天子一人のものではなく、天下の刑罰褒賞であります。どうして、天子個人の喜怒哀楽、虫の居どころによって、勝手気ままにきめてよいものでしょうか」と一歩も譲らなかった。

良薬、口に苦しで、いちじるしく機嫌を損じた太祖は、ぷいと座を立ってしまった。すると趙普は、当り前のように帝の後に随った。太祖は、そんな趙普をふっきるようにして奥御殿へ入ってしまった。これから先へは、趙普といえども、遠慮しなければならぬ。しようがないので趙普は、宮殿の門の脇に独り立って、その場を去らなかった。これには、さすがの太祖も根負けして、その人物の昇官を許可した。

この二つのエピソードには「直言」に関する三つの教訓が含まれている。

第一は、太祖と趙普とが相許した仲で、どんなことをいっても誤解がないこと。

第二は、趙普に全く私心がないこと。

第三は、信念にもとづいて、反復連打したこと。もっとも信念がなければ反復連打などやれるものではない。

虎の威を借りるな

第一線の記者から、いきなり秘書部長に抜擢されたら、どんな人間でも、大いにとまどうだろう。

毎日放送の下村澄がそうだった。しかし、そこは記者である。まっさきに新日鉄副社長の武田豊をたずねて、「秘書心得」について取材した。武田は富士製鉄時代から永野重雄の名秘書といわれ、プロの中のプロだ。

武田は開口一番、「晏子《あんし》の御者《ぎょしゃ》にならぬことである」といった。

斉の大宰相、晏嬰《あんえい》の御者が自分まで偉くなったと錯覚して、馬車に近づく連中をどなりつけていた。たまたま通りすがりにそれを見た妻が夫にいった。

「天下にその人あり、と知られたご主君でさえも、実に謙虚にいらせられるのに、あなたは何ですか。御者のくせにいばりくさっちゃって……。わたしは、もう、あなたのような方《かた》とは連れ添う気持はございません」

かなりの猛妻で、こんなのを女房にしたらかなわないな、とも思うが、ともかく、その御者は妻の忠告に愕然として、その日から態度を改めた。

あまりのかわりかたに驚いた晏嬰が理由をきくと、かくかくしかじかというわけだった。晏嬰は、忠告した妻、そして素直にきき入れた夫の態度も立派であるとして、御者から大夫《たいふ》に抜擢した。

「要するに、虎の威を借りる狐になってはいけない、ということでしょう」と下村の解釈だった。

かなり年配のベテラン女性秘書が、つくづくと告白したことを思い出す。

「社長秘書なんて、三年以上はするものじゃないわネ。だんだん、一般社員の男の人が愚かな使用人に見えてくるのよ。部課長だって少しも恐くない。重役でさえ、私がちょっと操作すると、青くなって、手を合わせんばかりにして『社長の誤解をといてくれ』だの、『なんとか、社長と膝つき合わせて、話のできる機会をつくってくれ』のと頼みにくるわ。不幸ネ。こんな風になってしまったんじゃ、もう、お嫁に行けないわ」

プロのもつ「秘書要諦」

武田はさらに十三項目にわたる「秘書要諦」をつけ加えた。長い秘書の体験から割り出した原理原則である。

一、人当りがいいこと。
二、世話好き。
三、ほどほどの闘魂。
四、集団の中に生きている一つの義務感。
五、イエスとノーをハッキリいうこと。
六、しかも、相手に不快感を与えずに「ノー」といえること。
七、犠牲者的精神。
八、口が堅いこと。
九、ムードづくりがうまいこと。
一〇、笑を忘れるな。〈風邪をひいた時などつい忘れる〉
一一、人情の機微がわかること。
一二、ボスに真実をしらせること。
一三、下意上達、上意下達をスムーズにやれ。〈末端へいくと、当り前のことが当り前とし

て通じていない〉

面白いのは、武田に限らず、一流といわれる秘書は、必ず、こういう秘書心得箇条を自戒として胸中に秘めていることである。

一、ボスの話相手になれること。

二、ボスの代理で外部の人に会えること。

三、ボスのために触覚的役割を果すこと。そのために、できるだけ多くの人に会え。そして、会った人は忘れるな。

四、口が堅いこと。ただし堅いだけではダメで、時には、スポークスマン的役割も果すこと。

五、絶対に自分を表面に出さぬこと。秘書は、芝居における黒子《くろこ》である。

六、勉強しないでいるとあきられる。

社長は朝が早い。新聞をみる。不審な点があれば、すぐ秘書へ連絡がある。だから、秘書は社長が新聞を読む前に、一応、目を通し、質問がきそうな記事は、あらかじめ調査しておき、きかれた時には、すぐに答えられる準備をしておかねばならない。

また、阪急電鉄相談役の清水雅が創業者、小林一三の海外随行を命じられた時、ある先輩秘書が、その心得を教えてくれた。

一、電報が沢山くるだろうが、必ず大きな漢字に書き直して、読みやすくしておくこと。
二、服装が招待の会によって変るから、間違わぬように注意すること。
三、ジャーナリストが必ず集まってくるから、到着前に発表文を書いておくこと。
四、ボスの食事は何が好みか、よく調べておいて、あきないように注文すること。
五、ボスは日本のいろいろな人に手紙を出すはずだから、宛名がすぐわかるよう名簿や小型の人名簿を用意すること。
六、ボスが外地で病気をするようなことが起った場合、持病があるかもしれないから、あらかじめ調べて、薬を用意しておくこと。
七、趣味、特にボスは骨董が好きだから、各地の有名骨董店を調べておくこと。
八、「写しをとれ」とか「契約を作れ」とかいうことが起るから、複写紙を用意すること。
これほど、気を遣っていても小林の雷が落ちた。

ベルリンで鉄工所を見学に行った時のことである。

「自動車の中で『今日の予約はなかったか』ときいたら、お前は『何もありません』と答えた。だいたい、一日のスケジュールは朝、お前が見せるから、わしは全部承知しとる。何もわざわざ聞くことはないのだ。それを敢てきいたのはアチコチひっぱりまわされて、いささかグロッキーになっていたからなんだ。しかし、案内の重役があまりにも熱心なので『帰る』というのも失礼だと思って、ああいうききかたをしたのだ。何故、お前は、その時、『今夜は、もしかすると、誰それが来られるかもしれません』と答えなかったのか、そんなことすら気のつかぬ秘書じゃ、一人前とはいえないよ」

秘書、側近の心得

トップの実力判定

われわれ経済記者にとって、最も大事なことは「社長の実力」を判定することである。みせかけに眩惑《げんわく》されて、単なる張子の虎をこれこそ実力者などと判断すると、とんでもない悲喜劇をやらかす。

そこで、この真贋《しんがん》を区別するために常に五つの物指を用意している。

一、企業内容が充実しているか、どうか。

〈だいたい、会社の公表数字などというものはインチキが多いが、この数字でも、ライバル会社に洗わせると意外によくわかる。また、特に粉飾を見破ることは、よその会社の連中とつきあっているときに随分、得ることがある〉

二、その社長が重役の人事権をもっているかどうか。

〈派閥のバランスの上にのっかっているだけの社長では人事は思うようにならない。前述したパーキンソンの皮肉な法則を思い出してもらいたい。「重役をよびつけて、『お前はクビだ！』と宣言し、その夜、家へ帰って高いびきで眠れるくらいの神経をもたぬと社長はつとまらぬ」〉

三、機密費を一手に掌握しているか、どうか。

〈機密費というのは、ありていにいえば、税金のかかっていない金であり、わけのわからぬ金である。十の石を打って、実際に芽が出るのは一つか、二つという金である。実力のある社長は、それをがっちりと押えて、自由自在につかう。だが、睨《にら》みのきかない社長は実力のある重役にむしりとられて、いつもピーピーしており、人を接待しても、おでん屋くらいでお茶を濁し、「おれは清貧でネ」などと、ヘンなポーズをとる〉

四、いかなる愛人をもっているか。

〈女房は二十代でもらうから、男のほうもまだ女を見る目をもっていない。ところが、愛人はだいたい、男としての実力も内外ともに備わってきたころにできる。したがって、「恋愛の対象によって人間の価値がきまる」という原則を最も正確にあてはめられる。つまり、男と女が一対の反射鏡になるわけで、つまらぬ愛人をもっている社長はやはりつまらない。ただし、六十歳を過ぎてできた愛人にはこの原則はあてはまらない。それは男も還暦を過ぎたころから、「ラスト・チャンス」というあせりから、自分の生命の燃焼を試みるように好色になる。あたかも夕映えに似た「短期回春」ともいうべき生命現象だが、たいていの場合は、女を見る目がくもり、髪の毛の長い、かわいこちゃんにのめり込む。そして、老境に入っての恋愛沙汰は、そのこと自体、自らの命をすりへらす砥石となる〉

五、秘書にどういう人物をもっているかを観察する。

〈アメリカでの秘書の規定は「心理研究家、外交官、政治家、調査のエキスパート、記憶力にたけている者、文筆家、ビジネス関係の法律家、機械知識のある者、重役個人の私設金融相談係、机の上の整理係、ざっとこういう資格の全部、もしくは、このいくつかをもっている者でなければならぬ」ことになっている。アメリカの会社には、秘書室とか、秘書課というものはない。上司と秘書とはマン・ツー・マンで、秘書はプロ化しているから、こういうオールマイティを要求されるが、日本でもおいおい、こういう形の秘書像が要求されるようになろう〉

「社長の実力判定五ヵ条」を挙げたのは他意あってのことではない。秘書というポストがいかに重要なものであるかを、いってみたかったまでのことである。

完璧な秘書、阿難

秘書として完璧だったのは、仏陀《ぶっだ》につかえた阿難《あなん》であろう。

仏陀の教団が日に日に大きくなって、弟子も多くなり、信徒も続々と集まってきたが、それとともに、若かりし仏陀も、髪に白いものがまじるようになってきた。

そんなある日、仏陀は竹林精舎《しょうじゃ》で、ふと洩らした。

「私も初老に入ったせいか、身の回りを世話してくれたり、また、いろいろの雑用を自分にかわってやってくれる人がいたらいいなあと、つくづく思うようになったよ」

そこには、舎利弗《しゃりほつ》などの高弟たちがずらりと居並んでいた。

「世尊のおっしゃいますのは、侍者兼秘書ということでございますネ」

「さよう。教団の業務は諸君にやってもらうとしても、いろいろと事務上の雑用もあるしネ」

「世尊よ、私が……」と数人の門弟たちがいっせいに名乗り出ると、仏陀は「お前たちも、皆、私と同じく年をとっているではないか」といい、「いやいや、お前たちにも侍者をつけてやりたいほどだよ」と笑った。

「それじゃ、誰か若い者を」ということで話し合った高弟たちは、阿難という青年を推薦した。

ところが、阿難はこの身にあまる光栄を固辞した。

「何故《なにゆえ》に」ときかれると、「私はまだ修行がたりません。そのため世尊と皆様方の間に溝《みぞ》をつくったりするのを恐れます」と答えた。しかし、仏陀の秘書とあっては余人をもってはかえがたい。そこで「是が非でも」と強引に口説くと、阿難は「それではやらせて頂きますが……」といって三つの条件を出した。

第一に、新旧にかかわらず仏陀の衣服を頂かないこと。

第二に、仏陀が在家の信者に招待されたとき、同席して、食物を受けないこと。

第三に、時でもないときに仏陀にお目にかかり、お給仕をしないこと。

これを伝えきいた仏陀は「なるほど、阿難はたいした奴だ。第一の条件は、他の弟子より自分だけが恵まれるのを自戒したのだ。第二の条件は、側近者として狎《な》れてあやまちがあってはならぬと自粛したのだ。第三の条件は人の悪口を自分は告げぬこと。また教団という公のことについていらざる口出しをしないことを戒めたのだ」と絶賛した。

いうなれば、阿難は、仏陀と高弟たちとの人間関係、あるいは仏陀と外部の人たちとの人間関係がギクシャクしては困るということ、また、自分だけがいい目にあって、ヤキモチをやかれ、それがために教団という組織体の人間関係がこわれることを懸念したのである。

以来、仏陀に近侍すること二十五年、狎れることなく、甘えることなく、怠ることなく、人の悪口をいうことなく、物質的に得をすることなく、立派に秘書をつとめあげた。

足で集めた秘書心得箇条

辞典をひくと「秘書」というのは「要職にある人に直属して、これを扶《たす》け、また、機密の文章や用務をつかさどる職」とある。

英語では「セクレタリー」Secretary という。Secretary とは Secret（シークレット）つまり「秘密を扱う人」の意味である。例えば Home Secretary とは「国家の機密をつかさどる人」で「内務大臣」のことであり、Secretary of State となると「国務大臣」である。つまり、国家なら、政治の枢機であり、会社なら経営の機密事項である。そして、その機密を知るということは、まだ他の誰にも知らされていない機密の相談にあずかることでもあり、ここに秘書が政治家や経営者の参謀、ブレーンとしての役割を果たすきっかけが生れてくる。

機密にタッチする以上、秘書は現職中はもちろん、引退して、かなり時間がたってからでも、その思い出を書くことは「御法度《ごはっと》」である。

わが秘史の灰となり行く焚火かな

ある大物財界人の秘書を長くやった人の句だが、秘書としての姿勢をいいつくしている。それだけに秘書、側近に関する文献はほとんど日の目をみていない。結局、「秘書心得箇条」をつくるためには、足で歩いて、集める以外に手はなかった。

以下、それを語録風にまとめてみた。

●社長の文章の代筆

秘書は社長にかわって、いろいろな文章を書かねばならない。商用のものもあれば、多分に私的要素の入ったものもある。祝詞から弔詞まで、論文から随筆まで、なにがとび出してくるかわからない。しかし、そのどれをもこなせるのが有能な秘書である。

もともと、社長には社長らしい文章というものがある。社長の書いた文章と社員の書いた文章とを比較したとき、そこにはおのずから社長らしい文章の風格が滲んでいなくてはならない。

秘書は、そういう文章を書くことを要求されるのだ。それには、なによりも自分の主人の立場になって、ものを考えることが大事である。さらにもう一歩突っ込んでいえば、あるときは主人の立場で、また、あるときは主人の客の立場になって文章を練るべきである。〈社長は、こういう時、どういうだろうか〉そして〈社長がこういったら、相手はどう受けとって、どういう反応を示すか〉。そこまで、思いを致してからペンをとる心構えが要求される。相手もまた、秘書の言葉としてではなく、社長の意見として受けとるからだ。

＊

既に亡いが、東京都民銀行頭取だった工藤昭四郎は興銀時代、総裁、結城豊太郎《ゆうきとよたろう》の秘書となり、講演や雑誌に出す文章の代筆をした。

「青二才で知識経験に乏しい私が結城さんになったつもりで原稿を書くのだから大変だった。結城さんは原稿を命ぜられても、決して注文をつけられない。だから、どうしても平生から結城さんが、どんな風に考えておられるかを頭に入れておかねばならなかった。ときには火急の場合もあって、徹夜で原稿を書くこともたびたびだった。それだけに、この仕事は、自分の知識を磨くのに大変役立った」と工藤が述懐した。

結城豊太郎といえば、安田財閥の基礎を確立した人物であり、大蔵大臣、拓務大臣、企画院総裁、日銀総裁などを歴任した財界の大立者である。そのゴーストライターだけに工藤の苦労も並大抵のことではなかっただろう。

ゴーストライターはゴーストシンカーであると同時に、名文家であることを要求される。というのは、結城の思想がいかに深遠なものであっても、工藤がそれを表現できなかったら、ナンセンスとなってしまうからだ。このため、工藤は、どうしたら文章がうまく書けるか、ということに精力を集中した結果、自分なりのノウハウをつくり出した。

「文章はどうしたら、うまくなるか。あちこち先輩にきいたり、自分でも考えたあげく、結局は二つのことに集約された。一つは『すぐれた文章をくり返して読むこと。特に文章にも惚れ、その人物にも傾倒している人の書いたものを徹底的に読むことだ。たとえば、文章では最高とされている志賀直哉のものを尾崎一雄は筆写して、そのコツを盗んだ。これは読むよりも、はるかに効果がある。もう一つは、『ものを読んでも書く気で読書するのと、不用意に読むのとでは大変な違いである』ということだ。読んで得たものを咀嚼《そしゃく》して、自分のものとしなければ文章にはならない。だから、読んだものを文章に再表現することは、かなり高度の頭脳トレーニングとなる。要するに、書くつもりで読書する習慣を身につけることだ」

工藤の体験からしぼり出した言葉だけに、われわれ、もの書きにとっても、非常な教訓となる。

●メモを渡すタイミング

タイミングの難しいことがある。

社長があまり歓迎しない来客の場合には、話が長くならぬよう、五分ごとにメモを入れる。メモには「次の準備ができて、皆さん、お待ちです」など、適当な理由を書いて、客の前でそっと社長に渡す。そんなとき、社長も心得たもので、「しばらく待たせておけ」などと芝居をうつ。それを見ると、たいていの来客は「では、お忙しいようなので、これで失礼します」と腰をあげる。ところが話が佳境に入り、社長が実《み》を入れてきいている最中に、うっかりメモを持ち込もうものなら、「せっかくの話の腰を折ってしまった」と後でさんざん大目玉をくう始末となる。

面会した以上は、相手に決して不快な念を与えぬよう社長も細心の配慮をして対応している。それで相手もつい釣り込まれて自然に腰が重くなる。ところが社長のほうは次の予定などを考えて、内心いらいらしているのだ。

このへんの呼吸を秘書役としては、十分に推察していなければならないが、通りいっぺんの秘書では、これはできない。やはり、社長とか秘書とかの立場を越えた人間的な結びつきが必要となってくる。

●社長と同じことをやるな

「侍卒に英雄なし」の諺があるように、社長と長い間、身近に接触していると、秘書は社長のあらゆる面を知りつくすことになる。極論すれば、社長の、わがままな、子供っぽい、愚劣な、いやらしい、うぬぼれの強い、一切の性格と、そのすべての発現形態に通ずることになる。その結果、社長と自分との差が曖昧《あいまい》になって、変な特権意識だけが残ることになりかねない。

社長よりも立派な背広をきて、ダンヒルのガスライター、バラ銭をポケットにちゃらつかせて、ひとりで一流バーに出入りするのが粋《いき》だと思い込んでいる秘書は、おおかた、間もなく、没落していく。秘書が社長と同じことをやってはいけない。そんなことを一種の特権と心得て、平気で無神経にふるまっていると、一般社員から白眼視されるばかりか、もし、ラインの部署にもどされたら、自分で自分の身についた特権意識に苦しまなくてはならなくなる。

●社長の欠点が目につく時

社長を知りすぎると、どうしても欠点が目についてくる。ときには、その臭みに耐えられない時もある。

そんな場合にはどうするか。

第一に「備ワランコトヲ一人ニ求ムルコトナカレ」で、欠点を一つだけ許すことである。女が好きだったら、そのことだけ目をつぶる。名誉欲の強い社長だったら〈そいつだけは仕様がない〉とあきらめる。しかし、酒と女の両方をやらせてはいけないし、金と名誉の両方に執着した時には、面と向かって忠告しなければならない、ただし、この忠告は一工夫も二工夫もいる。普通のコミュニケーションでやってはいけない。

相手の心を十分に読みとったうえで、こちらの意見をそれにあてはめていくというような直言である。しかも、直言とは、相手が肝に銘じなければ意味はないのだ。

第二に「社長をムリヤリにでも好きになれ」ということである。

人間だもの、いかに親密な社長と秘書の間でも、ときには気持がくい違うこともある。だが、齟齬《そご》をきたしたとき、そのことをいつまでも残してはいけない。気まずくなった時には「俺は社長が好きだ、好きだ」と自らにいいきかせることが肝要である。

●カバン持ち兼ブレーン

カバン持ちとブレーンとの二面性を調和できる人物が秘書としてプロである。

自分が現在、カバン持ちだと判断したら、ブレーン型をめざして努力することである。もしブレーン型だと思ったら、カバン持ちの修業をすべきである。

大企業の秘書になればなるほど、ブレーン型が圧倒的で、カバン持ちをやることに非常な抵抗を感ずる。だが、大事なことは、人前で社長に服をきせること、靴ひもをむすぶことを栄光に思うくらいの心構えをもたねばならない。友人やマスコミは茶坊主とさげすむかもしれない。だが、それを甘んじて受ける意志の強さが必要である。

●三つのS

パー・ゴルファーになるためには、三つの条件が必要とされている。
自己抑制〈Self Control〉
自信〈Self Confidence〉
自己集中〈Self Concentration〉
人物の印象でいえば、「声の調子をかえず、あわただしい行動をしない男」のことであるが、これはそっくりそのまま、秘書の条件となる。

●ボスにオブリゲーションをつくれ

ボスから「君、これをどう思うか」ときかれた場合、その案件については既に調査ずみでないといけない。こういうストックを沢山もっている、特にボスに対して、オブリゲーション（貸し）をつくることである。ボスと秘書との勝負は、いかに相手に対してオブリゲーションをつくるかの一事にあるといっていいだろう。そういう心理的な負いめをボスが多くもっておればおるほど、秘書はパワフルになってくる。ただし、そのストックを口に出してしまうと、ボスとの関係はチャラか、マイナスとなる。常に半分のストックを、いつももっているように心掛けること。

●頭になるな

ボスの目となり、耳となり、手足となれ、だが、頭になってはいけない。

「目、耳、手足」の意味は、情報を集めたり、いい本を推薦したり、世の中の動きを、専門家のいい人を近づけてチャンネルをつくっていく。「頭になるな」ということは、二つの意味がある。

一、重要なことは自分で決定してはならない。それはボスがきめるべきものである。

二、絶対に表に出るようなことをしてはならない。

秘書も長くやっていると、自分のサークルもできるし、また、第三者もその力を評価するようになる。そんな時に一番、間違いをおかしやすい。くり返すと「経営については、公の場では、ボスと同席しない」ことを自らにいいきかせることである。たとえば、ボスと第三者の話には、その第三者といかに親しくても同席するな。大事なことは自分がその話をきくのではなくて、チャンネルをダイレクトにボスにつなぐのが秘書の任務である。

●うるさ型との応待

大敵ほど味方にひき入れよ。

心理的には腹のたつ存在、会社にとってはうるさい存在。そういう連中を手際よくこなして味方にすること。もし、そういう連中からボスに電話があったときには、「不在」ということにして、相手の電話番号をきき、「間合い」をとること。

●六十点が分岐点

とにかく六十点の仕事をやれ。六十点以下の仕事はやるな。何故なら、最初から百点満点を目ざすと、時間がかかり、弾力性がなくなり、下手をすると、責任回避となるからだ。六十点を持続し、それにだんだん味をもたせるようにするのがプロである。

●健康第一

秘書は少なくとも三年間は風邪をひいてはならない。自分の健康管理すらできぬ人間がボスの健康管理など、もってのほかである。

●老人学を身につけよ

ボスの日程作成は、閑と忙とのバランスをうまくとったリズミカルな日程をつくれ。そのためには秘書は、「老人学」を身につけていないといけない。

老人の気持は、すべてが失われてゆく、という大前提にたっている。このため、若いときは「引き算」の計算で接して問題を処理していけるが、年をとると、すべては「足し算」の計算でいかねばならぬ。

●陽性であれ

ダークになっては秘書はつとまらない。常に陽性で明るい人間でなければならぬ。そのためには健康でなければならない。

●よい合性の条件

人間には合性《あいしよう》というものがあって、理屈だけではどうにもならないものがある。夫婦、友人、同僚の仲でも、いわゆる合性が悪くて人間関係がギクシャクする実例によく出くわすが、秘書や側近の場合も、ボスとの人間関係つまり合性は最も重大である。これは勘で見分ける以外にない。では、合性がいい、というのはどういうことか、それは長時間黙って一緒に、坐っていても、いっこうに相手から圧迫感も受けず、また、相手にこちらが邪魔にならない、という間柄である。たとえばゲーテとエッケルマン（『ゲーテとの対話』の著者）とは、最も理想的なボスと側近として師弟関係だった。

作家の尾崎士郎が「私淑すること」と題して一文を遺している。

ゲーテの偉大さを説く場合、これほどひとりの人間に私淑し、ひとりの人間を肯定して、いささかも疑わず、彼のあらんかぎりの真実をゲーテに捧げつくしたエッケルマンを偉いと思わずにはいられない。本当にひとりの人間に私淑するためには、底しれぬ深い愛情と同時に冷徹で狂いのない理智と何よりも部分的な陶酔をさけて、いかなる場合でも、全体的忍耐が必要である。エッケルマンはそれをやり通した。

予はゲーテを求むることの困難よりも、エッケルマンを求むることの困難を感じないではいられない。よき師たることは非常に難しいことだが、それ以上によき弟子たることが難しい。

●悪い合性の悲劇

これと正反対に合性が悪かったために、ついに城山の悲劇を招いたのが西郷隆盛と野村忍介の関係だった。

司馬遼太郎がその大河小説『翔ぶが如く』の中で書いている。

戦略家にはまず基本として時勢眼と社会心理への洞察力があらねばならない。さらには、すきまなく情報を収集し、その価値判断と分析にあたっては、希望や期待を捨てねばならない。開戦前、忍介はみずから大阪まで行って情報をあつめた。

桐野〈利秋〉も、桐野に乗せられてしまった西郷以下も、「政府は累卵、あすにも崩れる」という観測のみを基調にして、繰りかえし送ってきた評論新聞の海老原穆《ぼく》の情報のみを情報とし、情報収集というものを一度もやったことがなかった。西郷は、桐野らの用意した輿《こし》に卒然と乗ってしまったかたちだったが、そのことを、後年、勝海舟はかれは若殿《わかとの》輩《ばら》に体を呉《く》れてやったのだ、と解釈した。たしかに出発前の西郷の言動にも似たようなふしがあり、そのとおりであったであろう。しかし、卒然と輿に乗ったがために一万余の若殿輩の屍を戦野に曝してしまうということを、総帥なら行動をおこす前にすこしでも予見すべきであったであろう。西郷は情報あつめや構想についての努力をまったくしなかった。

そのことをしたのは、元陸軍大尉で当初、小隊長身分にすぎなかった野村忍介ひとりであった。

かれは最初暴発のときに反対し、発軍した以上は従軍し、各戦局においてしばしば戦略構想を献策したが一つとして容《い》れられず、ついに末期の段階で豊後《ぶんご》方面軍〈奇兵隊〉を編成して単独軍の活動をして豊後で成功を見た。しかし主力の敗退とともに合流せざるをえなかった。

薩軍本営としては、野村がいちいちの局面で不安を述べ、打開策を献策するたびに拒下し、いちいち不安どおりになって百敗してゆくという状況になれば、むしろ逆うらみのようにして野村を憎み、かれを疎《うと》んずるようになってきたのは、敗軍のなかの一心理といっていい。

「ひとり利口ぶりおって」

という感情は、桐野においてとくに濃厚であった。しかし西郷も野村に対して他意なかったとは思えず、あとの事例の解釈次第では、多少はあったかと思える。

●女秘書は四十歳以上が最適

アメリカの推理作家ガードナーの作品にでてくる主人公が名探偵のペリー・メイスンであり、その秘書がデラ・ストリートという女性である。

この二人について、アメリカでは「デラ・ストリートがいなかったら、メイスンは十分の一の仕事もできなかったであろう。しかし、彼女が探偵事務所を開いても成功はしなかったであろう」といわれている。これは秘書とボスとの関係を見事にいいあらわしている。

秘書とは何か、その定義はいろいろである。だが、ペリー・メイスンの例の如く「秘書がいなくては主人は十分な仕事ができないが、秘書自身は主人となることはできない」というのが、最も秘書の役割をうまくいいあらわしている。つまり、秘書とはあくまでも補佐役〈アシスタント〉であり、陰の人である。しかし、秘書なくしては、ボスはボスとしての思いきった仕事をすることができない。その意味では秘書とボスとは一体である。

男のボスと男の秘書の場合は「一体」ということにおいてあまり問題はない。ところが男のボスと女の秘書となると、この「一体」が微妙である。

アメリカ労働省の調査によると、三十歳以下、四十歳以上の女性が秘書として最適だという。二十代の女性は独身者が多く、彼女らを使う重役との年齢の開きも大きいので、わりあいにトラブルが起きない。

また四十代になると、酸《すい》も甘いも噛みわけたオバさまになってくるので、これまたトラブルが少ない。

ところが三十代というのは、小さい子供がいたりして、これが仕事のほうへ影響したり、三十代の独身者だと油がのりきった女ざかりなので、とかくボスの感情が微妙にゆさぶられる。

●ボタンとハンカチのけじめ

「ボタン」と「ハンカチ」という象徴的な言葉は秘書の心得を意味している。

重役から「洋服のボタンをつけてくれ」といわれたら、すぐつけてあげる。ただし「ハンカチを洗ってくれ」と頼まれたら、断わるべきである、ということだ。

ボタンをつけるのも、ハンカチを洗うのも、たいして違いはないように思えるが、しかし、ハンカチを洗うのは奥さんの領分に属する。いくら秘書でも、そこまで立ち入ると間違いが起りやすいのだ。

●新秘書官エレジー

今日は土曜日、服部前《はっとりまえ》で
好きなあの子とおデイトなのに
知るや知らずや重役どのは
今日に限って長っ尻

築地、赤坂、きこえはよいが
知っているのは女将《おかみ》の顔と
電話番号と行く道順よ
ほんに秘書とはつらいもの

これは旧秘書役エレジーである。これに対し新秘書官エレジーをつくったのが、総理大臣、大平正芳の女婿で、首席秘書官をやっている森田一である。

外国出張きたのはよいが、
鍵をなくしてカバンがあかぬ
怒り狂った大臣様から
「お前、クビだ！」とどなられる
新聞記者は鬼よりこわい
夜討ち朝がけ、ペン先ひとつ
書けばすべてがおじゃんでござる
頭さげさげ機嫌とり
電話かかって相手の名前

きいて叱られ　天下の俺を
しらぬ奴とは不届きしごく
すぐにやめろとわめかれる
　今日は出張、寝台列車
　上に秘書官、下には大臣《おとど》
　おならしたくもできないつらさ
　誰にも悩みはわからない。

●クルマの席

車は普通、運転手のまうしろの座席が上席。次にその端の窓ぎわが第二席。まん中が第三席。助手席が第四席とされている。

秘書は、どんなに後部座席があいていても、助手席に乗り込まなくてはいけない。

それが上役と同乗する時の礼儀である。

●政治家の秘書三つの心得

政治家の秘書は三つの注意が肝要である。

第一に、金の誘惑に負けないこと。

第二に、常に身辺を綺麗にしておかなければいけない。
第三に、ボスのためにいつでも体を張る気持をもっていること。

●羨望と嫉視の的

邦光史郎が小説『泥の勲章』の中で、秘書というポストに対する社内のねたみをいきいきと描いている。

朝の御堂筋は通勤者の群が歩道いっぱいにあふれていた。それこそ身動きもできないほどの混雑である。彼らの、汗でぬらついた腕と腕との感触が、まざまざと名取にもわかるのであった。

むろん、その中には、東石の社員たちやBGもまじっているに違いない。彼らの中の何人かは、赤信号で停車したキャデラックの内部に収まっている名取の顔を発見したかもしれない。

彼らは、ある嫉《ねた》みをこめていうだろう。

「秘書の奴め……」

だが、「重役の奴」とはいわない。重役は彼らの最終目標のシンボルであるから、その権威をあえて汚辱で傷つけようとは考えない。しかし、秘書は役員ではない。重役のもつ権力に対して抱く反抗心は往々にして、秘書にむけられやすい。いうなれば獣たちの仲間のくせに、地を匐《は》わず、鳥のように飛びまわっている蝙蝠《こうもり》が秘書なのだ。その二重性を彼らは本能的に嫌う。おまけにとりすまして、自分たちを見下しているような秘書族に彼らは激しい敵意をもやす。だから、孤独に耐えられる男でなければ秘書にはなれない。

●叱られ代理人

叱られても自分の手落ち、失敗ではなく、他の役員たちに対しての憤懣を秘書にぶちまける場合がある。そんな時は、苦しくても、我慢して恐縮しながら、陳謝の代弁をしなければならない。

さんざん、雷を落したあとで、「今日は大分、君に雷を落したが、君を叱ったのではない。他の役員たちにちょっと聞かせたかったので、君を利用したまでのことだ。ま、そう怒るな。帰りに一杯のんでいけよ」と金一封にあやかることもある。

●「争臣」を社長に抜擢

取締役二十六人中二十五番目の山下俊彦を社長に抜擢した松下電器相談役の松下幸之助が「なぜ、山下取締役に目をつけたのか」という質問に対して、「重役会でも活発な意見をポンポン述べる奴だったので」と答えたのは面白い。

だいたい、部長になるくらいのところまでは、上に対して、かなり思いきった直言をしてきた人物も、重役になって、社長に人事権を掌握されると、急に借りてきた猫のようになってしまうのが普通である。

そこのところをそうならなかっただけでも山下はかなりの人物である。

かつて、松下電器がピンチに陥り、社長だった松下幸之助自身が第一線の営業本部長代行となって指揮をとったことがある。

その時の第一声は「直言」に関してであった。「戦国争乱の時代には、大決戦をやるとか、いざ鎌倉！　という時には、必ず、帷幄《いあく》のなかで『恐れながら』と大将の意見に反してでも意見具申する人物がいるものだが、今の松下にそういう男がいるか」

事実、松下には、そういう「争臣」がいた。

たまたま、松下幸之助が日本能率協会でやった労働問題に関する講演が大変にうけたので、単行本にすべく重役会にかけたところ、はるか末席の一平取が立ちあがって、断乎として反対した。

「会長の説かれた労働論は、たしかに傾聴に価するもので、もし、これが実現すれば、理想的労使関係が樹立されましょう。しかしながら、そのご講演をそのまま単行本にして世に問われますのは、いささか時期尚早かと考えます。理由は、本の内容と会長が主宰される松下電器の実情との乖離《かいり》があまりにもひどく、それを読んだ人々は、ひどい裏切りにあったように思い込むことは間違いのない事実であるからです。これは松下電器にとっては、決定的なマイナス要素であります。したがって、この単行本化はおやめになるべきであると思います」
一瞬、松下幸之助は渋い表情《かお》をしたが、この直言をよしとして、出版をとりやめた。
その一平取というのは、現社長の山下俊彦であった。

●ころし文句

新日鉄副社長の武田豊が、かつて、時の富士製鉄社長永野重雄（現日本商工会議所会頭）の秘書になった時、こういわれた。

「この秘書という仕事をひき受けてもらう前に、たった一つだけ君に心得ておいてもらいたいことがある。それは、難しい仕事をうまくやりとげたって、誰からも感謝されないし、面倒なことがもち上がったって、誰も助けてはくれないということなんだ。ただし、君が四面楚歌に陥っても、僕だけは君の味方だということを覚えておいてくれ」

●内的自由の喪失

秘書というものに対するエリート意識がぐらつきはじめると、今度は極端におどおどして両側を見まわすようになる。演劇用語では、こんな状態を「内的自由の喪失」という。

●坊主と役者と秘書と

坊主と役者と秘書とは似たようなもので、ある時期がすぎると板についてくる。

●ノーといえること

「よく上司に相談してお答えします」と表現するのは、その場のがれでプロの秘書がやることではない。いくら上司に相談してもダメだということははじめからわかっている。そんな時「私の判断としてはノーです」といえる訓練が必要である。とにかく、相手を怒らせないで、イエス、ノーがはっきりいえるようになったら、ようやくプロである。

●リップサービス

リップサービスはプロの秘書のやることではない。三カ月もたつとボロが出る。

リップサービスは一種のギャグである。ギャグで一度は笑わせても、三回目には、もう客は笑わない。だが、落語など、芸で笑わせると、客は何度でも通ってくる。

●秘書の仕事は集積きかず

ラインの仕事には集積がきくが、秘書の仕事には集積はきかない。仕えるボスによって千変万化するからだ。

●二者に仕えるなかれ

秘書は「二君に仕えず」の原則を守るべきだ。いくら情をころしても、しらずしらずに前のボスとの比較を心でやっている。それだけにボスのほうでも、いったん側近にした人間を冷たく扱ってはならない。

●秘書と運転手

秘書という職業は運転手と同じファクターをもっている。性格が危険な場合にはすぐとりかえるべきである。

●言葉を濁すなかれ

実力者や地位の高い人と応接する場合はどうしても気おされる。そこでつい言葉を濁すと、相手は自分にいいように解釈する。そして過大の期待をもつことになる。大事なことはハッキリいうこと。

●愚直の士を選ぶ

前田利家が近臣たちと秋の夜空を見上げながら、「あの空にひときわ輝く星が見えるがわかるか」ときいた。

Aは「はい、よく見えます」と答えた。

「Bは見えるか」「はっ、見えます」

「Cも見えるか」「はい、わかります」

「では、Dはどうか」するとDだけは「見えませせぬ」と答えた。「こりゃ、年の若いのに目でも霞むのか、よく見ろ」Dは目をこすりこすり、「お言葉ですが、どうしても見えませせぬ」と答える。

利家は「三人はみな利巧者じゃから、わしが見えるといったので、見えもしない星が見えると答えた。Dは愚直者故、わしが見えるというのに見えぬと申してきかない。世間は小利巧な者が多く、愚直者が少ない。Dよ。星は見えぬわい」といって笑った。

利家は人物を試したのである。三人は利家にゴマをすったが、Dのみが正論を唱えた。利家はDを重役に抜擢して前田土佐守とした。

●ごまのすり方

むかえごま。さかさごま。いさみごま。すっとびごま。じゃんごま。おとしごま。けなしごま。敵本ごま。

●自由裁量の問題

秘書の仕事として自由裁量の問題がある。この自由裁量を委された場合、その処理の仕方が独善にならぬよう、十分戒心しなければならない。ボスから、「何々の件」と明示されないで、「あれはどうした?」と問われた際、「あれは、こうはからっておきました」と返答できるようになれば、まず一人前の秘書である。

●無能とジェラシー

世の中には、社長はかなりの偉物だが、側近の中には、ただゴマスリだけで地位を保っているような奴がいるものだ。こういう会社では、社員たちは生き甲斐どころか、いつも無能なおべんちゃらだけがうまい側近に阻害されて、働く気も起きてこない。そのうえ、そういう側近は劣等感の裏返しとしての嫉妬心が強く、少しでも自分より才能のある人間が社長に近づくことを嫌って、絶えず、警戒心を働かせているものだ。当然、社内の空気は陰湿になる。

第三章

よき幕賓をもつこと

幕賓の資格

胆識をもて

帝王学の第一の柱「原理原則を教えてもらう師」と第二の柱「直言してくれる側近」とを終えて、いよいよ第三の柱「よき幕賓《ばくひん》をもつこと」へ入る。

「幕賓」とは、その帝王を心から好いてはいるが、官に仕えて裃《かみしも》をきる窮屈さを嫌い、野にあって帝王にいろいろと直言してくれる人物である。

俗な言葉でいえば、「客分」「顧問」「社外重役」あるいは「パーソナル・アドバイザー」というところで、もちろん、ピンからキリまである。

立派な幕賓を得るためには冒頭において述べたように「清白ノ士ハ爵祿ヲ以テ得ベカラズ」〈六韜三略《りくとうさんりやく》〉である。つまり、帝王たるもの、一流の幕賓を得るためには爵禄を惜しんではならない。同時にまた爵禄などで釣ろうと思ってはいけない。一見、矛盾しているようだが、これが幕賓に対する礼儀であり、けじめである。一方、幕賓の側からすれば、「国士モテ我ヲ遇ス。我、故ニ国士モテ之ニ報ズ」ということになる。

一流の幕賓たる資格は第一に「胆識」をもつことである。見識に裏づけられた現実処理の能力である。

知識は、断片的なことを記憶しているというだけの単なる大脳の働きにすぎないし、それだけでは行動力とはならない。だが、その人間の精神活動に理想が生れてくると、つまり、志をもつようになると、それが知識と結びついて、道徳的、心理的判断ができるようになる。それを見識という。したがって、見識は、人から借りることもできないし、つけ焼刃などもきくものではない。自分自身の修業以外に見識を身につけることは不可能なのだ。

ところが、いかに見識をもっていても、現実に事を処理し、すすめてゆくことになると、なかなか容易なことではない。さまざまな利害や矛盾、また、そこから発生する論議の中にあって、それらを抑え込んで実践しなければならない決断力が必要になる。つまり、見識にこの決断力が伴ったものが胆識である。

広い世間にはさすがに見識ある人物は少なくないが、胆識をもった人物となると、寥々《りょうりょう》たるものである。

中国問題にたとえてみれば、中国に関する知識は、新聞、雑誌その他でいくらでも得られるが、「中国とは何ぞや」という本質の問題となると、これは見識がなければつかめない。さらに中国を相手にどうするか、という国策の決定となると、見識に加うるに胆識というものが必要になってくる。

浪人的風懐を身につけよ

幕賓の第二の資格は「浪人的風懐」である。「浪人的風懐」については、孟子が明快に規定している。

「天下ノ広居ニ居リ、天下ノ正位ニ立チ、天下ノ大道ヲ行ウ。志ヲ得レバ民ト之ニ由リ、志ヲ得ザレバ、独リ其ノ道ヲ行ウ。富貴モ淫《いん》スル能ワズ。貧賤モ移スコト能ワズ。威武モ屈スルコト能ワズ」〈仁という最も広い住まいに暮らし、礼という最も正しい位に立ち、義という最も大きな道を堂々と歩く。これぞ大丈夫《おとこ》の中の大丈夫といわれる人物の生きかたである。そして、自分の志が世に受け入れられれば、その道を行い楽しむ。だが、もし、志が世に受け入れられなければ、独り、自分の正しい道を行っていく。それが大丈夫《おとこ》たるものの人生への姿勢であり、いかなる富貴や快楽をもってしても、その精神を蕩《とろ》かして堕落させることができず、また、いかに窮乏の苦しみで圧迫しても、その志を変えることはできない。さらにいかなる権力、武力で脅しても、些《いささ》かも屈しない。それこそ大丈夫《おとこ》というべきであろう〉

第一の資格、「胆識」と微妙に絡んでくるが、「時務ヲ知ルハ俊傑ニアリ」〈『十八史略』〉という。

ビジネスの「事務」のほうは、ある程度の基礎さえあれば、機械的にやっておけばすむことだけれども、「時務」となると、「時」の文字が示す通り、その時、その場、その問題に対して、その人間がいかになすべきかという活《い》きた問題だから、どうしても、根本に、その人物の教養、信念、胆識、器量がなくてはならない。

空理空論を口走り、いたずらに悲憤慷慨しているだけで、現実の問題が何一つ解決できない輩は「俊傑」とはいい難い。つまり、ただ今、現在、直面している事件のなかで、何が最も重要な課題であるかを識別し、これを現実的に処理してゆく能力をもった人物を指して「時務ヲ知ルハ俊傑ニアリ」といったのである。

この「俊傑」の条件から推していくと、三国志の諸葛孔明は、まさしく、その「俊傑」だが、いったい、孔明はいかにして「俊傑」たり得たか。

親爺の諸葛珪《しょかつけい》が没した時、孔明は年歯《ねんし》十一歳の幼童だったが、葬儀の翌日、七頭の山羊をつれて、飄然と放浪の旅に出た。

その後、襄陽《じょうよう》にあらわれて、司馬徽《しばき》の門をたたくまでの数年間は全くのブランクで、記録にもそれらしいものは見当らない。ただ、司馬徽の弟子になった時には、孔明は到底、少年とは思われない叡智を身につけていた。

学友たちが懸命に章句の末まで穿鑿《せんさく》するのに対して、孔明だけは大意をつかむと、後は悠々と膝を抱いて思索していた。

ある時、孔明が「君がたは官吏にでもなったら、知事か部長くらいにはなれるだろうよ」と学友たちにいった。

いささか、むっとした学友たちが問い返した。

「じゃ、お前は何になるんだ」

孔明は呵々大笑しただけで答えなかった。

孔明の志は、こせこせした学者や官吏などにあるのではなかった。史にも「自ラ管仲《かんちゅう》、楽《がっ》毅《き》ニ比ス」とあるほどだ。

管仲は斉《せい》の帝相で、戦国騒乱の時代によく桓公《かんこう》をして覇者たらしめ、一にも仲父《ちゅうほ》、二にも仲父と頼ませた大政治家である。また、楽毅は、燕の昭王を扶《たす》けて斉の湣王《びんおう》を破り、讒言《ざんげん》にあって燕を去ってからは、たびたび、帰任を懇請されたにもかかわらず、遂に仕えることなく、よく身を保った明哲《めいてつ》である。

孔明もまた戦国に劣らぬ乱世に生を享《う》けた。いたずらに章句を摘《つ》み、道徳を空論《くうゆ》して、太平を夢みるべき時代ではない、いかに時局を収拾し、天下万民を安堵せしむべき方策を実施すべき時なのである。

〈管仲、楽毅、今、何処にか在る。不敏といえども、請う、予《よ》、これに当らむ〉

孔明は心中、深く期するところがあったに相違ない。

だが、孔明の浪人時代は実に悠々たるものであった。これを示す一詩がある。

鳳凰《おおとり》は、千里をやまず翔《か》けるとも

梧《ご》の木でなければ翼をとめぬ
士となる人は
あばら家ずまいによく耐えて
英主でなければ仕えはせぬ
耕す隴畝《ろうほ》の稔りを楽しみ
炉ばたで奏でる琴の音に
やがての天の時を待つ

五項目にわたる「宰相の条件」

中国史における幕賓中の幕賓といえば、まず、李克《りこく》の右に出るものはないであろう。李克は魏《ぎ》の文侯の幕賓だったが、ある日、文侯に呼び出されて下問された。

「先生、嘗《かつ》テ寡人《かじん》ニ教ウ。『家、貧ニシテハ良妻ヲ思イ、国乱レテハ良相《りょうしょう》ヲ思フ』ト。今、相《しょう》トセントスルトコロハ魏成《ぎせい》ニアラザレバ翟璜《てつこう》ナリ。二子《にし》ハ如何《いかん》」ト。

文侯は、この幕賓を師礼をもって遇していたのである。下問の意味はこうだ。

「先生は、かつて『家が窮乏したときには、家政のきりもりをうまくやって、家をおさめてくれる、しっかりものの妻はいないものかと考え、国が乱れ、民が塗炭《とたん》の苦しみに喘《あえ》ぐようになると、はじめて、うまく政治をやってくれる立派な宰相がほしいと思うものだ』と教えられましたが、世はまさに戦国乱世でございます。この秋《とき》に当って、よき宰相を得ざれば、魏の国危うしと考え、宰相を誰にすべきかと、日夜、肝胆をくだきましたが、その結果、候補者は魏成と翟璜の二人にしぼられました。しかし、どちらを選ぶべきか、いずれも甲乙つけがたく迷っています。どうか先生、どちらを宰相にすべきか、ご明示ください」

「一国の宰相をどうするか」という重大人事である。軽々に答える性質のものではない。

李克は「その人事はあくまでも文侯自らがおきめになる性質のものである。第三者が口をさしはさむ余地はござらん」と断るが、文侯、よほど困っていたのだろう。再三、再四、下問する。

文侯にそうまでいわれては、李克としても無下《むげ》に断るわけにはいかなくなった。そこで李克は「しからば、宰相たるの条件を五つお教え申す、その条件にあったほうを宰相となされればよろしいでしょう」といって、人物を洞察する五つの観点を挙げた。

いわく「居テハ其ノ親シム所ヲ視、富ミテハ其ノ与ウル所ヲ視、達シテハ其ノ挙グル所ヲ視、窮シテハ其ノ為サザル所ヲ視、貧ニシテハ其ノ取ラザル所ヲ視ル。五ツノモノヲ以テ之ヲ定ムルニ足ル。子夏《しか》、田子方《でんしほう》、段干木《だんかんぼく》ハ成《せい》ノ挙ゲシ所ナリ」と。

●浪人時代の交遊

第一に「居テハ其ノ親シム所ヲ視ル」。官をひいて家に居る時、つまり浪人している時に、いかなる連中とつきあっていたかを観察する。

浪人というのは、地位も肩書も名誉も何もない、いわば裸の人間である。したがって浪人中の交遊は「裸のつきあい」であり、アリストテレスの「友人は第二の自己である」という箴言が最も正確に適用される。浪人中に低俗なつまらぬ連中とばかりつきあっていたら、その人間自身がお粗末と判断して間違いないし、逆に立派な人物がその周囲に寄り集まっているようだったら、まず一級の人物とみていいだろう。

その辺のところを吉田松陰は「士規七則」の中で「徳ヲ成シ、材ヲ達スルハ、師ノ恩、友ノ益多キニ居ル。故ニ君子ハ交遊ヲ慎シム」と喝破している。

われわれは、いくら、人から好かれようと努力しても、すべての人から好かれるわけにはいかない。それは、あらゆる人々を分けへだてなく愛そうとしても、絶対にそうはいかぬのと同じである。一視同仁《いっしどうじん》は王者の態度であり、仏陀やキリストなど、神の境地なのだ。

とにかく、人間である限り、特に好きな人や、どうしても好きになれない奴がでてくるのは当然である。ただ、大切なのは、自分の好きな人が、すぐれた人間であり、立派な人物であることだ。となると、「君子ハ交遊ヲ慎シム」ことが、いかに大事であるかが、わかろうというものである。

●「時」と「金」とを人材養成に使う

第二に「富ミテハ其ノ与ウル所ヲ視ル」。莫大な金を握った時、それを何に使ったかを視る。いきなり、女を囲ってみたり、書画骨董、宝石などにうつつをぬかすようでは、宰相たるの資格はない。

金の使いかたは非常に難しい。なぜなら、人格がそっくりそのまま反映するからだ。では、一番立派な金の使いかたはどういうことかというと、「人材を養成する」ことである。

今上《きんじょう》天皇の師傅《しふ》で「倫理御進講草案」を書いた杉浦重剛は「一年ノ計ハ田ヲ耕スニアリ。十年ノ計ハ樹ヲ植ウルニアリ。百年ノ計ハ人ヲ養ウニアリ」（管子）を引用して「人材養成のために巧みに時と金とを使うことが経済の極意である」と喝破した。いうまでもなく、この「経済」は「経世済民《けいせいさいみん》」すなわち、「世を治め、民を救う」ことである。

●抜擢した人物、推薦した本

第三に「達シテハ其ノ挙グル所ヲ視ル」。高位高官にのぼったとき、いかなる人物を抜擢し、いかなる書物を推薦したかを視る。

朱子が編集した帝王学の本で明治天皇の座右の書でもあった『宋名臣言行録』では「人ヲ挙グルニハ須ラク退ヲ好ム者ヲ挙グベシ」と人材登庸の原則を規定し、次のように解説している。

退ヲ好ム者ハ廉謹《れんきん》〈潔《いさぎよ》く、つつしみ深い〉ニシテ恥ヲ知ル。モシ、之ヲ挙ゲナバ、志節イヨイヨ堅クシテ、敗事〈失敗する〉アルコト少ナカラム。奔競ノ者〈スタンドプレーをやって猛烈に競争する者〉ヲ挙グルコトナカレ。奔競スル者ハ能《よ》ク曲ゲテ諂媚《てんび》〈へつらい〉ヲコトトシ、人ノ己ヲ知ランコトヲ求ム。モシ、コレヲ挙グレバ、必ズ、能ク才《さい》ニ矜《ほこ》リ、利ヲ好ミ、累《わずらい》、挙官〈その人間を推薦した官〉ニ及ブコト、モトヨリ少ナカラザラン。ソノ人、スデニ奔競ヲ解スレバ、マタ、何ゾ挙グルヲ用イン。

過去において、この「奔競ノ者」などを抜擢していたら、それだけで宰相は失格である。「人をみる明」がなければ、宰相など一日としてつとまるものではないからだ。

「書物は友人と同様、数少なくあるべきであり、そして、よく選択さるべきである」とトーマス・フラーの名言だが、たしかに雑誌の読みすぎ、雑画の見すぎ、雑音の聞きすぎ、雑事に追われすぎるのはよくない。もともと、生命は純一を尊ぶ。それだけに多欲と雑駁《ざっぱく》ほど生命や徳を害《そこな》うものはない。

学問とか教養とかは、われわれを、この雑駁から救い出すものだが、そのためには心をこめて愛読する書物、また、愛読することによって、本当に自分を造る書物、そういうものを持つことが大切である。だから、何度もくり返すが、モンテルランも「その生涯において、何度も読み返し得る一冊の本を持つ人は幸せな人である。さらに数冊持ち得る人は至福の人である」といっている。

「いかなる本を推薦するか」という意味は、この「生涯において、何度も読み返し得る一冊の本」のことなのである。たしかにそれをみれば人物がわかる。

●「灰の時」の沈潜のしかた

第四に「窮シテハ其ノ為サザル所ヲ視ル」。

単調だが、やすらかで、牧場の牝牛のような、のんびりした人生を、命の終りまで続けられるなどということはあり得ない。晴れる日があれば、曇る日もある、雨もあれば風もある、しかし、その風雪を凌《しの》ぐことによって、人生は一入《ひとしお》深い味わいが出てくる。

人の一生を大きく分けると、「焔の時」と「灰の時」とがある。「焔の時」とは、燃えさかっている焔の如く、勢いがついていて、たいていの事はうまくいく時である。こういう時は、少々無理をしても、万事、好調に運ぶものである。だが、「灰の時」というのは、何をやってもうまくいかぬ時だ。やることなすこと裏目裏目と出てくる時期だ。そういう時は何もやらぬのが一番よろしい。なすべき何事もない時には、何事もなすべきではない。ところが、小心者に限って、そういう時に何事かをやらかして失敗する。何かをやっていないと不安で仕様がないからだ。

「灰の時に入った」と自覚したら、静かに「灰の中」に没入し、沈潜して、人間を磨くことである。静かに実力を養成することだ。

明末の碩学、呂新吾の一言がいい。

▒ 大事難事ニ担当《たんとう》ヲ看ル〈大事難事にぶつかった時に、どれほどの仕事がこなせるかを

みる〉

▦　逆境順境ニ襟度《きんど》ヲ看ル〈逆境順境に心の出来栄えをみる。逆境にもしょぼくれず順境には驕慢にならぬこと〉

▦　臨喜臨怒ニ涵養《かんよう》ヲ看ル〈喜んだり、怒ったりする時に最も人間の赤裸々な姿がでる。涵養は身についている教養、心構え〉

▦　群行群止ニ識見ヲ看ル〈一人でいるときには、あんな立派な青年がと思うのが、徒党に入ると、群集心理にまき込まれて付和雷同し、とんでもないことをやらかす。だから、大勢の中に交わった時に、自分はどう処するか、という自主的判断力をもっているか、どうかをみる〉

●貧ニシテ楽シム境地

第五に「貧ニシテハ其ノ取ラザル所ヲ視ル」。懐具合もよく、万事好調のときには、人間はあまりおたおたしないし、ボロもださない。だが、その同じ人間が、いったん貧乏して「困ったな」となると一変して悪くなる。そして邪《よこしま》な金とわかっても、つい、ポケットへ入れてしまう。それを歯をくいしばっても我慢するか、どうかが、人物のわかれ道となる。

こんな話はどうか。

富豪の河村瑞賢《かわむらずいけん》（江戸前期の海運治水の功労者で巨万の富を擁し、後、旗本に列せられた）から三千両ほどの地所を引出物にして、姪の婿養子にと望まれた新井白石（儒学者にして政治家、自らの生いたちを記した『折たく柴の記』は有名）は、二十二、三の若さだったが、支那霊山の蛇の故事を引用して断った。

「無名のころに受けた傷は小さくとも、大名を得た場合は傷は大きくなる。富豪の家へ婿入りしたため、あのように偉くなったと、将来、世間からいわれたくない」

貧乏であろうと、あわてることはない。目的をもって生きる、信ずるところに生きる。修養につとめる。そこにおのずから、積極的な人生の楽しみが生れてくるのだ。

同じ貧乏でも「赤貧」と「清貧」とがある。徳なき人の貧乏を「赤貧」といい、徳ある人の貧乏を「清貧」というが、十六世紀のはじめ、日本を訪ねたフランシスコ・ザビエル神父が、この「清貧」について、驚きと感激の文字を綴っている。

「日本人にはキリスト教国民のもっていない一つの特質がある。それは武士がいかに貧しくとも、その貧しい武士が富裕な人々から富豪と同様に尊敬されていることだ。彼らは武士、平民を問わず、貧しさを恥だと思う者は一人もいない」

論語にも孔子と子貢との「貧乏問答」がある。

子貢曰ク「貧ニシテ諂《へつら》ウコトナク、富ミテ驕《おご》ルコトナキハ如何《いかん》」ト。

子曰ク「可ナリ。未ダ、貧ニシテ楽シミ、富ミテ礼ヲ好ム者ニハ若《し》カザルナリ」ト。

子貢が「先生、貧しくても卑屈にならず、人に諂ったりなどしない。また、金持になっても少しも威張るところがない、というのはどうでしょうか」ときくと孔子が答えた。

「わるくはないが、貧しくても道を楽しみ、富んでも礼を好むというのには及ばない」

「貧ニシテ楽シム」とはどんなことか。


貧ニシテ客ヲ享《もてな》ス能ワズ。而《しか》モ客ヲ好ム。

老イテ世ニ狗《したが》ウ能ワズ。而モ世ニ維《つな》ガルルヲ好ム。

窮シテ書ヲ買ウ能ワズ。而モ奇書ヲ好ム。

〈『酔古堂剣掃』〉


貧士の客好きというのがある。何もないのに、むやみに酒をのませたがったり、議論したがる。また、それが嬉しくて、同類が肩を聳《そび》やかして押しかけてくる。しかも、こういう家の女房というものは、たいていよくできているもので、一生、苦労しても報いられることも少ないのに、それで結構、満足している。主人公は、老来、ますます世間と逆行して、みるもの、きくもの、すべてが面白くない。そのくせ、白眼超然としておれなくて、癪《しやく》な世の中が気になって仕様がない。そういう人物に限って、たまたま、銭をもたせると、財布の底をはたいて、本を買ってしまう。そうでなければ、つまらぬ男に違いない。えてして、一廉《ひとかど》の人物、面白い人物というものはそういうものである。

推せんした人物の差

「宰相の条件五ヶ条」を答申し、「なお、文侯が師の礼をもって遇しておられる子夏《しか》、田子方《でんしほう》、段干木《だんかんぼく》の三人の学者は魏成《ぎせい》が推薦した人物でございましたな」とつけ加えた李克《りこく》に、文侯は「なるほど、決心がつき申した」と答えた。

かくて、御前《ごぜん》を退出した李克は、その足で翟璜《てつこう》を訪ねた。

李克と翟璜とは、古い親友だから、翟璜はざっくばらんにきいた。

「宰相人事について、文侯から君に下問があったというが、いったい、誰にきまりそうかネ」

「まず、魏成子《ぎせいし》というところだろう」

年来の友人だから、当然、自分を推してくれたと思い込んでいたのに、意外な答が返ってきたため、愕然とした翟璜は、いささか、とり乱して、くってかかった。

「王者を補佐する重要任務の一つは、よき人材を推挙することにある。これについては貴公といえども異論はあるまい。その点からすれば、天下に名だたる兵法家の呉子を西部国境地帯の司令官に推したのは、この私だ。また、文侯が東部国境の守りに腐心された時、能吏の西門《せいもん》豹《ひょう》を同地の県知事に推して、国境の守りを盤石《ばんじゃく》たらしめたのもこの私だ。まだある。中山の攻略に楽羊《がくよう》を推して、これを成功せしめ、しかも、その占領地の統治に貴公を推したのも、この私だ。さらに公子の侍従長に屈侯鮒《くつこうふ》を推して、公子に帝王学を身につけさせたのも、この私だ。それが何故、貴公は私が魏成殿に劣るというのか」

李克は静かな口調でたしなめた。

「翟璜よ、よくきいてくれ。まさか、貴公は、仲間をかたらい、派閥をつくって、その圧力で宰相の地位を狙うというような心得違いをしているのではあるまいな。たしかに文侯は『魏成と翟璜と、いずれが宰相として適任なりや』と下問された。これに対して自分は、『そういう問題はご自身で決定なさるべきである』と申しあげ、宰相たるの条件を五つ開陳したまでのことだ。ただ、その条件を適用すれば、当然、魏成が任命されることになろうがネ」

翟璜が身をのり出して、なおもいいつのろうとすると、李克はそれを軽く制して、言葉をつづけた。

「この際、冷静に考えてみてくれ。魏成は俸給の九割をさいて人材を養い、自分は一割で暮らしている。その結果、孔子の高弟である子夏をはじめ、その弟子の段干木、田子方など、天下に名だたる学者を魏に迎えることができた。しかも、文侯自ら、この三人には師礼をもって遇しておられる。ところで、貴公も、魏成と同じように俸給の九割をさいて人物を養っているし、たしかに貴公自らが述べた如く、五人の人物を推薦し、それぞれに役立っている。だが、貴公は、最も大事な点を一つ見落している。それは五人が五人とも文侯の家来になっているという事実だ。魏成の推せんした三人の学者は師礼をもって遇され、貴公が推した五人の人物は家来となっている。魏成と貴公との人物の相違は一目瞭然ではないか」

翟璜は「わかった」と一言いって頭をさげた。

原敬とムトキンのやりとり

李克ほど次元は高くないが、平民宰相といわれた原敬の子分にムトキン（武藤金吉）という人物がいた。

原敬が宰相となって、組閣をするたびに〈今度こそは自分を大臣にしてくれるだろう〉と期待するが、いっこうにしてくれない。

とうとう、しびれをきらして「先生、私も随分、長いこと陣笠をやっていますが、もうぼつぼつ、一度くらい大臣にしてくれてもいいじゃありませんか」と泣きつくと、原は、きっと居ずまいを正していった。

「ムトキンよ。わしは、お前のためなら、何でもやってやりたいと思うとるが、大臣だけはいかん。大臣というものはの、自ずから、それだけの資格がいるんじゃ」

まさしく、これは原敬の識見である。

西郷南洲の遺訓にも「国に功労ある者には賞（金とか物）を与えよ、功労あるからといって地位を与えてはならない。地位を与えるには、自ずとその地位に相応しい見識がなければならない。功労あるからといって見識なきものに地位を与えると国家崩壊の原因になる」とある。

松下電器相談役の松下幸之助は、これを企業にあてはめて、次のように解釈している。

「あの人は会社を儲けさせた。だから、重役にしよう」という発想は間違っている。

そういう場合は、南洲が指摘したように「功労ある者には賞をもって酬いる」ことだ。つまり「賞」とは「金品」のことだから、ボーナスとか、金一封とか、あるいは昇給でもって酬いる。そして、重役に抜擢するには「これがうちの重役です」と部下が誇りに思うような見識もあり、魅力のある人物をもってこなければならない。

たしかに、いかに頭がきれても、いかに能力があっても、だからといって地位を与えて人を支配させてはならない人間がいる。

もし、そういう人物を上のポストに据えると、必ず、トラブルを起し、下手をすれば社の内外に混乱を招くことになる。

一方、第一線にいる時には、これといった派手な存在ではないが、その地位に据えると、自然にその部署が治まってしまう人物がいる。

いうなれば、「才の人」と「徳の人」との使い分けかたである。もちろん、上に立つ以上、「才」も「徳」も兼備しているのが一番いいにきまっている。だが「才をとるか」「徳をとるか」の二者択一を迫られた時には躊躇することなく「徳の人をとる」というのが松下幸之助の解説だった。

なお、蛇足をつけ加えれば、文侯と李克《りこく》、李克と翟璜《てっこう》とのやりとりには、三つの教訓が含まれている。

一つは、人事に私的な情実をもち込まなかったこと。李克と翟璜との関係は、文侯もよく知っているから、ここで李克が翟璜を推したら、李克はそれなりの人間に評価されてしまう。

二つは、「宰相は誰がいい」とはっきり名ざしをしなかったこと。もし、名ざしをしたら、後にしこりがのこる。それとなく悟らせ、あとは文侯自身の決断に俟《ま》たねばならない。

三つは、その足ですぐ翟璜を訪ねて事情を報告し、納得させたこと。もし、それをやらずに、後日、噂として翟璜の耳に入ったら、翟璜はきわめて不愉快な思いをしたに違いないし、下手をすれば、二人の友情は破局に至ったかもしれない。

この種の話というものはストレートにきけば何でもないことが、第三者の口を通じて入ると、事実がゆがめられ、とかく悪意の中傷として入ってくる。

李克は、そういう事態を避けて、いいにくいことを早めに相手に伝えて、事前に了承させたのである。

社外重役の存在

日本における幕賓的存在は探すのに骨が折れるが、あえていえば、石坂泰三、小林中、中山素平というところであろう。

このうち、小林と中山については、すでに触れたから、石坂泰三に焦点をしぼってみよう。

石坂の生前の述懐を思い出す。

「僕が第一生命にいた頃は、矢野恒太が社長で僕が専務だった。その後、僕が社長になってから は、大橋新太郎、服部金太郎、松本謙次郎、森村市左衛門などの錚々たる社外重役がずらりと並んでいた。また、監査役は浜口吉兵衛だったが、このうち、毎日、実際にでてくるのは矢野恒太と僕だけだ。それで仕事をやっていたんだ。ただ、重役会の時には、そのメンバーが全部揃い、世間の情勢なんかをいろいろと話してくれる。たとえば、第一生命がある株を買おうとすると、なかには、その株の会社の重役をやっている人もいるし、また、経済の裏の裏までわかっている人たちが、それぞれの立場から『その株はどうかな』とか、『それは大いに買って然るべしだ』などとサゼッションをしてくれる。ところが、近ごろの重役会というのは、部長会議と同じなんだよ。重役たちがでてくると、『先月はいくらいくら儲かりまして、数字はこうこうで』というようなことばかりで、大方針というものは何もない。今のボード・オブ・ディレクターズというもののファンクションが昔と違ってきたんだな」

石坂のいう「社外重役」とは一種の「幕賓」だが、石坂自身、晩年、東京電力の社外重役をやったことがある。

社長の平岩外四は「石坂さんが出席されているか、どうかで、重役会の空気が全く違った」とよくいうが、これくらいの見識と迫力をもっていたのだ。

しかし、東京電力などは、組織ががっちりとできあがっている企業だから、幕賓、石坂も、その力量を発揮する余地はあまりなかった。やはり、企業がものになるか、どうか、わからない、混沌の状態にある時、幕賓の実力が発揮されるのだ。

その最も典型的な例はアラビア石油であろう。

会わないで人を論ずるなかれ

アラビア太郎の異名をのこした怪物、山下太郎がアラビア石油の利権をもってきた時、日本の財界は、いい合わせたようにそっぽをむいた。

ゲテ者、山師、政商の名をほしいままにした山下太郎に行儀のいい財界人たちが猛烈な違和感をもったことと、もう一つは石油の採掘というのは、べらぼうな金をつぎ込んで、はずれるほうが多いギャンブルだったからだ。

「そんなアラビア石油を応援するなど、じいさん、頭がおかしくなったのではないか」と周囲は石坂の晩節をけがさせまいと、躍起になって反対した。

リコーの創業者、市村清もその一人で、ある日、石坂に直言した。

石坂はきいているのか、きいていないのか、とにかく、市村に喋るだけ喋らせると、ニヤリと笑ってこういった。

「市村クン。山下太郎という人間に会ったことがあるのかネ」

市村は盲点を衝かれてあわてた。

一度も会ったことのない奴が、その人間に対して評価するなど、僭越であり、痴《おこ》の沙汰だ。

たとえば、周恩来に一度も会ったことのないのが、得々と周恩来論を書いたところで、そんなものは、一貫目いくらの「紙屑ジャーナリズム」の価値もない。やはり、自分の眼でたしかめ、実感を掴んだうえでの人間論でなければ、ナンセンスだ。

市村がショックで言葉をとぎらせていると、石坂が「僕が席をもつから、山下クンに会ってごらん。そのうえで、君の評価をきこう」といった。

もちろん、市村に否応はない。きめられた日の定刻きっかりに新橋の山口へ現れると、肝心の仲介者である石坂はまだ来ていない。

部屋へ入ると、坊主頭の見栄えのしない男がちょこんと坐っている。

お互い名のりあい、「石坂さんは遅いですなあ」と二言、三言、かわしているうちに、人間の歯車が噛み合ったのか、仲介者のことなど忘れてしまって、百年の知己の如くに事業を談じ、人生を語った。

そして、一時間ほど遅れて、石坂が現れた時には、二人とも相許した友の如くすっかり打ちとけてしまっていた。

わざと遅参して、本人同士を直接にぶつからせた石坂式紹介法であった。

石坂が肩入れした理由

石坂が反対の声を全く無視して、トコトン、山下に肩入れした理由は三つあった。

第一は、第二次世界大戦の原因は石油にあったということである。

思えば、昭和十六年四月からはじめられた日米交渉は悪化の一途を辿り、七月二十六日には、アメリカが対日資産の凍結を通告し、イギリス、オランダも右へならえ、となった時点から、日本は全面戦争への突入を余儀なくされていた。

そのころ、日本が備蓄していた油は六百万トンにすぎなかった。交渉決裂によって、一滴の石油も入ってこなくなると、六百万トンは一年で底をつくのだ。だから、アメリカとしては、一年半、石油を封鎖しておけば、日本は無条件で屈服するという計算だった。

日米交渉は、その後、四カ月間、続行されたが、日本軍の支那および仏印からの全面撤退を提示したハル国務長官のハル・ノートは事実上、アメリカの対日宣戦布告で、日本は開戦の火《ひ》蓋《ぶた》をきらざるを得なかったのである。

また、日本が敗れて後の、アメリカ占領政策の一つの眼目は、石油資源のルートを断った後、日本の石油はアメリカ系メジャーによって押え、メジャーの利益を図る一方、日本産業の首根っこを押えつけておくことにあった。

このため、日本の多くの石油会社は、メジャーから供給された黒い原油を白く精製するだけのいわばクリーニング業者の域にとどまり、石油資源開発には全くたち遅れてしまった。

今でこそ「石油の一滴は血の一滴」と大さわぎしているが、二十年も前にそれを洞察した石坂の見識はさすがなものである。

第二は、こういう国際的スペキュレーションは並の男ではやれるものではない、ということである。山下太郎のような、ケタはずれの「モンスター・オブ・モンスターズ」でないと、大バクチは張れない。

思い出す場面がある。

これも政界、財界の両棲動物として「怪物」の項に分類されていた鮎川義介（日産コンツェルン、中政連の創立者）が、何かのレセプションで、山下太郎とパッタリ顔を合わせた。

鮎川も、アラビア石油に執念をもやしたが、結局は山下に利権をとられてしまった経緯を知っていたので〈どういうやりとりをするか〉と多分に野次馬根性で眺めていたら、鮎川が、

「わしが、この山下クンに一敗、地にまみれたのは、アラビアの王様に対する賄賂のつかい方をしらなかったからじゃ。そのノウハウをもっていたら、一歩もひかなかったんじゃがなあ」

と、いかにも口惜しそうに喋った。

これに対して、山下は「笑ってこたえず」の態度に終始したが、その後、鮎川の書いたものを整理していたら、「大学に国際賄賂科を設けよ。国によっては正常取引のために賄賂が必要であり、われわれは適切な、効果的で脱線しない賄賂術を心得ている必要がある」と大真面目に論じているのには驚いた。よほどこの時の失敗が身にしみたのだろう。

だから、石坂も「山下のような男を」と忠告されるたびに、よくこういう返事をした。

「平賀源内がいっているぜ。利巧者がバカの悪口をいう言葉は無数にある。バカ、たわけ、うつけもの、阿呆などとネ。けれども、バカが利巧者の悪口をいう言葉はたった一つしかない、

それは山師という言葉だ」

第三は、人は山下のことをいろいろいうが、石坂自身は、一度も、山下に裏切られたことも、嘘をつかれたこともない、という人間的信頼であった。

海千山千のやり手婆みたいに、人をだますくらいはもちろん、平然と世間をも欺くような人物でも、ある特定の一人に対しては全く別人格の、純粋で、まっ正直なつくしかたをする場合がある。

多分、石坂と山下は、そういう関係だったのだろう。

こうして、石坂は周囲の反対を押しきって、自らがアラビア石油の会長に就任すると同時に巨額の個人保証に踏みきった。

石坂が旗をあげた以上、財界としては放っておけない。われもわれもと、挙《こぞ》って応援態勢をしき、今日のアラビア石油ができあがった。

文字で書くと簡単だが、石坂がどれほどの決意で、この問題に臨んだかを語る恰好のエピソードを武石和風が、その著『石坂泰三』の中で紹介している。

アラビア石油の第一号井が幸いにも原油を噴きあげた時、石坂、山下の二人は大磯に吉田茂を訪ねた。

「ほう、それは大変結構なことだが、万一、成功しなかったら、君らは二人とも首でもくくるより仕方なかったな。思えば惜しいことをしたよ。君たちが首をくくる場面をぜひ拝見したかったネ」と吉田は葉巻をくゆらせながら、呵々大笑した。

これには、さすがのご両人も、吉田茂に完全にくわれた形だった。「くえない男」たちの中にも上には上があったのである。

財、集まらざるは恥なり

ところが、この山下太郎が、死ぬ間際になって、みみっちい個人の金つくりに狂奔した。もともと、そういう傾向は強い男だったが、一応、かつての金集めには「天下国家のため」という大義名分があった。それが恥も外聞もかなぐり捨てて、ただ、たんに金をもって楽しむための金集めに変貌してしまったのだ。

石坂が晩年、よく揮毫した文句がある。

人皆知取之為取而不知与之為取。

〈人ハ皆、之ヲ取ルヲ取ルト為スト知リテ、之ヲ与エルヲ取ルト為スヲ知ラズ〉

同時に、これが石坂の金銭観であり、人生への姿勢でもあった。

当然、山下の態度が苦々しくうつったに違いない。

ある時、深い感慨とともにポツリと洩らした一言がいまだに忘れられない。

「一燈園の西田天香の残した言葉に『財集まらざるは恥なり。集めて、これを己のものとするはまた恥なり』というのがあるが、この境地、近ごろになって、心底からわかるようになったな。もともと中国の古典『大学』にも『徳ハ本也。財ハ末也』とある。財は、その人間に徳がありさえすれば、自然に集まるもので、財を集めるのに変な苦労をすべきではない。根本は徳にあって、財は末なんだな。ところが、世間では本末転倒して、まず、財のみを集めようとして、徳をけがすのを何とも思っていない。ま、その線から一歩譲ったとしてもだ、いくら金があっても死んであの世へもっていけるものじゃなし、三途の川の渡し賃は昔から六文ときまっているのに、山下は何てバカな奴だ。あんなことをやっていたら、あいつは地獄へまっさかさまに落ちてゆくだろうな。あいにく、俺は天国へゆくことになっているから、結局、山下とのつきあいは、この世限りのものだよ」

石坂が天国へいったか、どうかはしらない。しかし、この言葉には、何とか、人間山下として終りを全うさせたかったのに、それができなかった幕賓、石坂泰三の深い悲しみがこめられている。

※この作品は一九七九年四月に刊行されたものを新装版化しました。
著者の表現を尊重し、オリジナルのまま掲載しております。

伊藤 肇（いとう はじめ）
1926年名古屋生まれ。旧満洲国立建国大学七期生。中部経済新聞記者、雑誌『財界』副主幹を経て評論家となる。1980年逝去。主著：『一言よく人を生かす』（生産性本部）、『伊藤肇の人間対談』（経済往来社）、『男からみた男の魅力』（産業能率短大出版部）、『経営者をささえる一言』（地方銀行協会）、『喜怒哀楽の人間学』（PHP 研究所）、『十八史略の人物学』（プレジデント社）など。

新装丁版 現代の帝王学

2017年4月17日　第一刷発行

著　者　伊藤 肇
発行者　長坂嘉昭
発行所　株式会社プレジデント社
〒102-8641　東京都千代田区平河町 2-16-1
平河町森タワー 13階
http://president.jp
http://str.president.co.jp/str/
電話：編集 (03)3237-3732
販売 (03)3237-3731
編　集　桂木栄一
制　作　関 結香
販　売　高橋徹　川井田美景　森田巌
遠藤真知子　塩澤廣貴　末吉秀樹
印刷・製本　中央精版印刷株式会社

ISBN978-4-8334-2223-9
Printed in Japan